TEXTES LITTERAIRES

Collection dirigée par Keith Cameron

CII

PETIT GLOSSAIRE

PETIT GLOSSAIRE

POUR SERVIR

A L'INTELLIGENCE DES

AUTEURS DÉCADENTS

ET

SYMBOLISTES

PAR

Jacques PLOWERT

PUBLIÉ EN OCTOBRE 1888

PAR

VANIER, BIBLIOPOLE

19, QUAI SAINT-MICHEL, 19

PARIS

Frontispice

JACQUES PLOWERT
[PAUL ADAM]

PETIT GLOSSAIRE

POUR SERVIR

A L'INTELLIGENCE DES

AUTEURS DÉCADENTS ET SYMBOLISTES

Edition présentée et annotée
par
Patrick McGuinness

UNIVERSITY
of
EXETER
PRESS

First published in 1998 by
University of Exeter Press
Reed Hall
Streatham Drive
Exeter EX4 4QR
UK

British Library Cataloguing in
Publication Data
A catalogue record for this book is available
from the British Library

ISSN 0309-6998
ISBN 085989 594 7

Typeset by Sabine Orchard
Printed in the UK
by Short Run Press Ltd, Exeter

INTRODUCTION

I: Le 'Carnaval philologique'

Tous les mots que j'ai ressuscités appartiennent au génie de la langue française, ou par étymologie, ou par analogie; ces mots viennent de *boutures*, et sont sortis de l'arbre de la forêt, pour former autour d'elle des tiges nouvelles, mais ressemblantes; ainsi je me fais gloire d'être Néologue et non *Néologiste*: c'est ici que l'on a besoin, plus qu'ailleurs, de nuances assez fortes, si l'on ne veut pas être injuste.

(Louis-Sébastien Mercier, *Néologie*) [1]

Vous semblez, cher Monsieur, poser en principe que la langue est fixe, qu'une fois pour toutes la signification des mots fut arrêtée par on ne sait quels divins, quels impeccables Noël et Chapsal. Vous optez pour l'infaillibilité de Littré. Je nie, moi, ces axiomes. [...] De siècle en siècle les mots changent d'acception. C'est un truisme que de le répéter. Cette acception varie même en un temps moindre. Non du tout au tout, mais de nuance à nuance. [...] Le devoir de l'écrivain n'est pas de transmettre le mot ou la locution tel que le prédécesseur les lui légua, mais accrus de la modification que l'esprit de son époque consacre.

(Paul Adam, 'Réponse' à Emile Faguet) [2]

'Ce fut une époque "glauque" et "nacre"; elle avait ses adjectifs favoris, les appuis de la parodie', disait le poète américain Ezra Pound dans son étude de 1918 sur la poésie française, 'A Study in French Poets'[3]. Telle lui paraissait l'époque 'Symboliste'. Selon Pound, tout un climat, toute une atmosphère littéraire et artistique — ce qu'il nommait 'le ton de l'époque' ('the tone of the time') — se laissait deviner par ses mots-clés, par ses habitudes et ses tics littéraires. Il comprenait aussi, bien qu'avec un don critique aiguisé autant par le préjugé que par la sympathie, que la distance

---

1   *Néologie, ou vocabulaire de mots nouveaux, à renouveler, ou pris dans des acceptions nouvelles* (Paris: Moussart, 1801), p. vii. Mercier parle longuement de la différence entre 'néologie' et 'néologisme', et entre 'néologue' et 'néologiste'. La plus grande partie de son livre ne nous concerne que très généralement, mais il est à rappeler que pour Mercier, la *néologie* était organique et surtout naturelle, tandis que le *néologisme* était forcé et artificiel.

2   Cité dans Camille Mauclair, *Paul Adam 1862-1920* (Paris: Flammarion, 1922), pp. 250-1. La lettre, parue en septembre 1905 dans *La Revue Latine*, retorque à l'article de Faguet sur *Le Serpent Noir*, roman d'Adam que Faguet avait traité de 'belle œuvre du plus mauvais écrivain'. Belle ironie qu'Adam ne pût résister au charme de l'anglicisme 'truisme' dans cette réponse à l'accusation d'avoir dénaturé la langue française.

3   'The period was "glauque" and "nacre"; it had its pet and too-petted adjectives, the handles for parody', 'A Study in French Poets', *Instigations* (New York: Books for Libraries, 1967), p. 91.

séparant un mot-clé d'un appui parodique n'est que trop facilement franchissable. D'après lui, les Symbolistes marchandaient les nuances et les demi-tons, les brumeuses imprécisions, ils étaient envoûtés dans 'la brouillardeuse sensiblerie debussyenne' ('the Debussy mist and slush'). Pour Pound, des mots tels que 'glauque' et 'nacre', aspects, pour ainsi dire, du *décor verbal* du Symbolisme, servaient à évoquer l'atmosphère de l'époque. Tout comme le naturaliste Cuvier savait reconstruire un animal disparu à partir de quelques os, Pound croyait pouvoir dresser l'image des *mœurs* littéraires des Symbolistes à partir de quelques détails lumineux.

On ne sait pas si Pound avait feuilleté le *Petit Glossaire pour servir à l'intelligence des auteurs décadents et symbolistes* de 'Jacques Plowert'. On sait par contre que Pound, comme T.S. Eliot, connaissait bien la poésie française, et on connaît également le rôle que jouèrent les poètes français dans la formation du 'Modernisme' anglo-américain[4].

Il n'est pourtant pas sans intérêt pour nous que Pound ait repéré les mots 'glauque' et 'nacre'. Ils ont tous deux l'allure de 'vocables symbolistes', de *tics* littéraires. Qu'aurait-il dit, dans ce cas, s'il les avait cherchés dans son Plowert? En effet, il aurait trouvé ces mêmes 'outils parodiques' accompagnés de définitions, d'explications, de contextes et de déclinaisons. Il serait, en fait, tombé sur exactement ceci:

> GLAUQUER. V.A. — Rendre glauque.
> L'atmosphère glauque avec des teintes d'aquarium.

et:

> NACRURE. S.F. — Effet de nacre.
> Une nacrure luit.

Ces deux mots proviennent du *Thé chez Miranda*, roman écrit par Jean Moréas (auteur du 'Manifeste du Symbolisme') en collaboration avec le romancier Paul Adam. Tous deux sont attribués à l'auteur du *Glossaire*, Paul Adam, dissimulé derrière le pseudonyme 'Jacques Plowert', personnage manchot figurant dans un deuxième roman écrit avec Moréas: *Les Demoiselles Goubert*.

Trente ans après le glossaire, et plus de trente ans après les débuts 'officiels' du Symbolisme, Ezra Pound, à travers deux mots-clés qui — comme par hasard — se trouvent dans le glossaire de Plowert, reconstitue l'image floue d'un 'Symbolisme' lui-même épris du flou. Mais est-ce bien le Symbolisme *tel qu'en lui-même* qui en ressort? N'est-ce pas plutôt *un*

---

4   Voir René Taupin, *L'Influence du symbolisme français sur la poésie américaine. De 1910 à 1920*, Paris, Champion, 1929.

Symbolisme, *un* de ses avatars, travail d'un jeune groupe militant qui cherche à s'imposer autant à ses amis qu'à ses ennemis? Trois ans après le fameux 'Manifeste' de Jean Moréas, le Plowert poursuit les mêmes batailles. Ce glossaire serait-il un véritable fonds de 'détails lumineux', capable de libérer de nouveau quelques bouffées de l'atmosphère du Symbolisme, ou témoigne-t-il simplement d'un certain don publicitaire de la part de quelques individus ambitieux?

Le glossaire que nous présentons ne se borne pas à 'expliquer' quelques centaines de mots bizarres 'travestis pour un carnaval philologique' comme le disait Anatole France (en faisant sans doute allusion à la 'parade sauvage' de Rimbaud[5]). Le glossaire est aussi une parodie de glossaire, qui s'inscrit dans la lignée non seulement de la parodie poétique (dont 'Adoré Floupette' demeure le meilleur exemple), mais encore dans celle de l'ouvrage de référence parodique (comme *Le Dictionnaire des idées reçues* de Flaubert ou *Le Petit Bottin des Lettres et des Arts*). Certes, le glossaire respecte les écrivains qu'il sélectionne, et tente de mettre en valeur leurs contributions au renouvellement du langage littéraire. Mais ce serait manquer une partie importante de son intérêt que d'y voir exclusivement du sérieux. Le glossaire se moque, doucement bien entendu, du ton hautain des 'théories' des écoles littéraires de l'époque. Adam, Moréas, Kahn, et Fénéon cherchent à faire connaître leurs travaux, mais on voit de l'humour partout dans leur glossaire: que ce soit dans la préface du lexicographe Plowert, ou dans les 'définitions' qu'il propose au lecteur, on sent que ces écrivains veulent non seulement instruire — ou 'initier' — mais aussi divertir en s'amusant eux-mêmes.

En parodiant la forme, le ton, et les ambitions d'un glossaire, ils arrivent aussi à poser quelques questions importantes sur l'écriture littéraire. Qu'est-ce, au fond, qu'un glossaire? Un instrument d'explication, qui cherche à ôter le mystère, le paradoxe et le doute de la lecture, qui propose d'enfermer le texte difficile dans un système explicatif après lequel le lecteur n'a plus besoin de s'interroger. Ainsi notre pseudo-glossaire, comme nous le verrons, se moque aussi de la critique traditionnelle, qui se déclare contre le Symbolisme à cause de son 'obscurité' et de son mépris pour le 'bon sens'. Aux lecteurs qui se révoltent contre une poésie qui refuse de s'expliquer elle-même, Plowert offre une espèce de 'mode d'emploi', qui, paradoxalement et en dépit de toute sa fausse scolarité, arrive à ne rien expliquer et le glossaire mystifie encore plus, montrant que le langage littéraire reste toujours plus vivant et plus subtil que les instruments conçus pour le stabiliser. Ainsi le glossaire — le seul produit

---

5   'La Langue décadente', compte rendu du *Petit Glossaire*, *Le Temps*, 27 octobre, 1888. Voir notre appendice.

formellement par les Symbolistes et les Décadents — montre surtout l'insuffisance des glossaires.

Personne n'échappe à l'étendue ironique de ce petit livre: les écrivains symbolistes et décadents, les lecteurs bienveillants et malveillants, la critique traditionnelle et d'avant-garde, le grand public et le 'cénacle d'initiés', et Plowert lui-même.

Dans son compte rendu du *Petit Glossaire*, que nous reproduisons en appendice, Anatole France se montre plutôt ouvert aux 'néologismes' dont abusent, dit-il, les Symbolistes et les Décadents. A titre d'exemple, il fait remarquer que le mot 'déconstruire' provient de la préface du Dictionnaire de l'Académie, ce qui lui paraît 'piquant'. Il se peut, en effet, que ceci soit la première parution de ce mot suggestif et, pour le lecteur moderne, plein de retentissements dans la nouvelle critique française. C'est aussi un mot qui s'applique très bien au *Petit Glossaire pour servir à l'intelligence des auteurs décadents et symbolistes*: un glossaire qui remet en cause les relations entre l'écriture et la lecture, entre l'écrivain et son public, et qui, au bout de quelques quatre centaines d'exemples, finit par mettre en cause sa propre entreprise. C'est un glossaire qui se 'déconstruit' lui-même en laissant intacts les mystères, les paradoxes et les instabilités du langage littéraire qu'il proposait d'éclaircir, de stabiliser et d'aplanir.

II: Genèse du Plowert

NÉOLOGISME   La perte de la langue française.
(Gustave Flaubert, *Dictionnaire des idées reçues*)

En 1889, un an après la parution du *Petit Glossaire*, Léon Vanier ('éditeur des modernes') publia *Les Premières armes du Symbolisme*, afin de 'reconstituer les aspects des primes batailles symbolistes'. Ce document, réimpression de l'article 'Le Symbolisme: Manifeste de Jean Moréas', accompagné d'articles de Paul Bourde et d'extraits de l''Examen du Manifeste' d'Anatole France, démontre un désir de la part de Vanier de recréer l'atmosphère de controverse et de polémique qui marqua l'émergence des 'Symbolistes' comme école indépendante. Vanier, convaincu de la 'vitalité' du Symbolisme, sûr de sa 'place marquée dans l'histoire littéraire de notre pays', cherche à 'faire le bilan' sur un mouvement littéraire avec lequel, en tant qu'éditeur, il avait été si étroitement lié. Ces liens ne passaient d'ailleurs pas inaperçus: on retrouve son nom à la fois dans le *Petit Bottin des Lettres et des Arts* (1886) ainsi que dans le *Petit Glossaire*: 'Vanier (Léon), éditeur. Il n'a pas encore été décoré', nous avise le *Petit Bottin*.[6] Tandis que dans le *Petit Glossaire*, sous

---

6   *Petit Bottin des Lettres et des Arts* (Paris: Giraud, 1886), p. 138.

la rubrique 'Bibliopole', on trouvera: 'Marchand de livres. G. *Bibliopôlès*. Léon Vanier, bibliopole des Symbolistes et des Décadents'. Ce fut également Vanier qui publia, sous le nom de 'Lion Vanné', éditeur à 'Byzance', les *Déliquescences d'Adoré Floupette* en 1885.

Dans sa lettre du 16 avril 1889 qui suit le triomphant 'avant-propos' de Vanier, Moréas passe en revue les controverses de 1886. Bien que doutant de la valeur de tels documents ('ces articles se sont fanés depuis') Moréas demeure sans regrets quant à sa défense du Symbolisme:

M. France pourrait à son tour me faire grâce de *torcol* et *bardocucule*, deux bons vieux mots que j'ai employés quelque part et qui l'irritent. Pourtant *torcol* est net et bien formé, quant à *bardocucule*, il signifie la mante à capuchon des anciens Gaulois: une vestiture nationale, que diable!

C'est votre *Petit Glossaire* qui me vaut ces disputes, et vous allez encore, mon cher Vanier, me faire traiter, par la réimpression de ces articles, de sectaire. Tant pis!'[7]

Les polémiques que suscitait le vocabulaire 'obscur' des Symbolistes et des Décadents retentissaient toujours, comme le faisaient de plus englobantes controverses concernant leurs procédés poétiques, leur 'artifice' et leur 'mépris' pour le lecteur ordinaire. Pour Moréas, auteur d'un des manifestes les plus discutés de l'époque, ce retour aux vieilles bagarres que représente *Les Premières armes*, retour entrepris apparemment à contrecœur, n'était nécessaire qu'à cause de la persistante 'mauvaise foi' de la 'critique officielle'.

S'adressant à Vanier, Moréas précise que c'est 'votre' *Petit Glossaire* qui le mène à faire de nouveau face à Anatole France, le plus intelligent des détracteurs du Symbolisme. Trois ans après le manifeste original, les mêmes personnages semblent engagés au même combat. L'examen critique d'Anatole France auquel Moréas fait allusion parut dans *Le Temps* le 26 septembre 1886. Et ce fut encore une fois Anatole France, dans son compte rendu du *Petit Glossaire*, qui signala l'inclusion de mots tels que *torcol* et *bardocuculé*, mots qui 'ont l'air de sortir d'une bouteille et sentent la pharmacie'. Accusations de préciosité, d'obscurité, d'artifice: 'Alchimie du verbe'? Anatole France, lui, y voit plutôt une simple pharmacie de prétentions.

Tout ceci devait donner à Moréas un sentiment de *déjà vu*. 'Premières armes' ou pas, la bataille prenait une allure plutôt périmée: même bataille, mêmes armes, même adversaire.

---

7   *Les Premières armes du Symbolisme*, Vanier, 1889, p. 8. A consulter, l'édition critique de Michael Pakenham, *Textes littéraires* VIII, University of Exeter, 1973.

Le manifeste de Moréas, en dépit du bruit qui l'entourait, se bornait à expliquer et à défendre le Symbolisme. Qu'il fût écrit dans un style bien plus mesuré que ses articles pour les revues d'avant-garde s'explique sans doute par le fait que Moréas était conscient de s'adresser aux lecteurs du *Figaro* plutôt qu'aux cercles décadents et symbolistes. Ce fut alors plutôt une tentative d'explication que de provocation. On ne peut pas en dire autant du *Glossaire*. Que penser de ce *Petit Glossaire*, entreprise lexicographique, dans laquelle figure si souvent Moréas, dans laquelle il joua un rôle important, et qui maintenant le pousse, apparemment contre son gré, à entamer de nouveau d'anciennes controverses?

Gustave Kahn, nom qui figure plusieurs fois au bas des exemples dans les pages qui suivent, raconte les débuts du *Petit Glossaire* dans la préface de *Symbolistes et Décadents*, 'Les Origines du Symbolisme'. Ce livre, paru en 1900, avait pour but de 'retrac[er] l'histoire idéologique et anecdotique des origines du symbolisme et de la formation du groupe symboliste'. Il nous semble utile de citer Kahn, d'autant plus que, d'après son témoignage, cette entreprise bizarre remonte, du moins dans ses origines, à une idée sérieuse:

> L'idée de ce glossaire avait été engendrée chez Paul Adam par une commande à moi faite. Un jeune éditeur, M. Dupret, qui, après avoir mis au jour quelques plaquettes curieuses [...] avait reçu de moi l'offre d'une sorte de grammaire française, avec rhythmique, projet que je reprendrai quelque jour de loisir un peu large. [...] M. Dupret me proposa d'en éditer les derniers chapitres (nous raisonnions sur plan) ceux qui auraient trait à l'époque que nous traversions, c'eût été une petite grammaire et rhythmique symboliste. [...] J'avais conté le fait de la prochaine éclosion de ce livre à mes camarades, et par conséquent à Paul Adam.[8]

Nous sommes, remarquons-le, en pleine 'mêlée' symboliste, et il se peut en effet que Kahn ait souhaité mettre au monde une espèce d'équivalent symboliste du *Petit Traité* de Banville. Il semblerait en tout cas que Kahn ait ambitionné un travail plus étendu et plus radical qu'un simple glossaire de termes spécialisés.

Il n'est pas question ici de rentrer dans la question des appartenances littéraires, mais simplement de nous rappeler que ces deux étiquettes — 'Symboliste' et 'Décadent' — pouvaient, et peuvent toujours, désigner de si diverses tendances artistiques qu'elles menacent à tout moment de perdre leur sens. Gustave Kahn l'évoque bien en parlant du désordre et de

---

8   'Les Origines du Symbolisme' (Paris, Messein, 1936), pp. 60-61 (réédition de la préface de *Symbolistes et Décadents* de 1900).

l'incompréhension qui guettaient, à chaque nouveau pas, une avant-garde artistique pleine de manifestes et de contre-manifestes, de cris-de-guerre, de retranchements et de rivalités:

> Longtemps nous ne pûmes espérer prouver à la critique que nous n'étions pas des Rose-Croix; on nous objectait que les Rose-Croix se déclaraient symbolistes, que Péladan c'était presque Paul Adam. Il fallait expliquer qu'il y avait symboles et symboles, symboles pour religieux, symboles pour Rose-Croix, symboles pour symboliste, variété de symboles pour chaque symboliste.[9]

Il fallait attendre Jules Huret, avec sa présciente *Enquête sur l'évolution littéraire* de 1891 pour trouver, réunis en un seul livre, les témoignages et les *artes pœticae* des groupements, et surtout des individus, du champ littéraire. Même ici, soulignons-le, les alliances et les coteries avaient beaucoup changé depuis 1886 (à tel point que Moréas profite de l'*Enquête* pour remettre en doute le 'Symbolisme'). Pour le moment, la 'nouvelle école' — nouvelle en tant qu'*école*, mais vieille déjà d'œuvres individuelles (voire indépendantes) — cherchait à s'expliquer devant le grand public, lasse d'être traitée d'obscure, de décadente, de fumiste. Tiraillés entre le besoin d'être lus et le désir de ne pas compromettre leurs idéaux, si les Symbolistes et Décadents se vantaient d'être une élite, ils s'inquiétaient également de se retrouver isolés. Ce qu'on pourrait nommer le 'dualisme' symboliste — revendiquant l'approbation du public tout en s'annonçant capable de s'en passer — demeurait une préoccupation importante. C'est un dualisme, d'ailleurs, dont le modèle se reproduit dans la co-existence, parmi les avant-gardes artistiques de cette fin-de-siècle, de l'élitisme et de l'anarchisme, avec pour ennemie commune, d'après Moréas, 'la critique officielle', soutenue par ce que Kahn traitait de 'bourgeoisie saturée de Coppée'. On remarquera que Fénéon, l'individu le plus souvent cité du glossaire, écrivait aussi des comptes rendus et des critiques d'art argotiques pour *Le Père Peinard* et *L'En Dehors*, toutes deux revues anarchistes ou anarchisantes, en même temps qu'il produisait ses articles raffinés pour *La Vogue* et *Le Symboliste*, pour *Les Hommes d'Aujourd'hui* et *La Revue Moderniste*. Ainsi, l'argot fait aussi partie de cette fascination dont témoignent les Symbolistes pour le langage marginal: qu'il soit raffiné ou rugueux, il exclura toujours la bourgeoisie, ainsi que la critique traditionnelle. En tout cas, il serait important de soulever, dans la genèse de notre *Petit Glossaire*, un but sérieux et une fonction légitime: de justifier et d'inventorier le renouvellement du langage littéraire. C'eût même été un

---

9   Ibid., p. 58

travail ambitieux, érudit et soutenu, une sorte de 'Symbolisme: mode d'emploi'.

Ceci serait, pourrait-on dire, le 'contexte' de *l'idée* d'une œuvre de lexicographie symboliste, sinon nécessairement de l'œuvre elle-même: le besoin de se faire comprendre, de se montrer intelligible, étroitement lié à une méfiance de l'intelligibilité générale. Cette espèce de conflit, pour ainsi dire 'entre les lignes' de tout manifeste symboliste, sert à expliquer l'attitude à la fois hautaine et défensive du glossaire tel qu'il parut en 1888. Entre le projet de Kahn et l'exécution de Paul Adam, le glossaire symboliste et décadent deviendra autant une lancée publicitaire qu'un travail lexicographique de bonne foi. Pour autant qu'il s'annonce utile à l'intelligence des auteurs 'décadents et symbolistes', le glossaire reste l'œuvre d'une petite coterie — voire même une *sous*-coterie. Les exemples sont tirés d'une gamme assez limitée d'écrivains amis (et de leurs revues littéraires, *La Vogue* et *Le Symboliste*), dont la collaboration reflète les rivalités parmi les groupements symbolistes et décadents de l'époque. Ainsi, il marque autant une série de règlements de comptes qu'une 'arrivée littéraire', et il déplaira, comme nous le verrons, autant à Anatole Baju qu'à Anatole France.

Kahn, voyant son projet de 'grammaire et rhythmique symboliste' pour le moment hors de sa portée, consent pourtant à collaborer à une entreprise désormais menée par Paul Adam:

> Le lendemain, Adam vint nous trouver [...] Notre ami abordait avec des performances de galion. Il s'assit et tous ses gestes éclatèrent en munificence. Il nous confia alors que Vanier, consulté par lui sur l'opportunité d'un petit dictionnaire de nos néologismes, complément plus qu'indispensable de mon futur travail, avait adhéré avec empressement à ses projets, et qu'un fort lexique allait naître. Il demandait notre concours avec une face rayonnante, et il eût été criminel d'adresser des objections à un ami aussi heureux. Plowert naquit et besogna dare-dare.[10]

Bien qu'Adam se fût chargé de la besogne, le 'concours' auquel Kahn fait allusion reste actif. Ayant choisi Plowert, personnage tiré d'un roman écrit en collaboration, comme auteur pseudonyme d'un lexique collaboratif, Adam demande à ses collègues de lui fournir non seulement leurs 'vocables' les plus recherchés, mais aussi des interprétations précises:

> Il parut piquant sans doute à Paul Adam de mettre le nom d'un héros à un seul bras, sur la couverture d'un petit volume qui allait être écrit

---

10   Ibid., p. 61.

par une demi-douzaine de dextres, car Paul Adam n'entendait pas se risquer à donner des néologismes de ses collègues, des interprétations hasardées et éloignées de la plus exacte précision. [...]
Il résolut donc d'avoir recours à l'interview, et de nous demander à chacun le choix de nos mots nouveaux, mais point de cette façon verbale de l'interview ordinaire qui laisse tomber des détails, mais de façon scripturaire et, pour ainsi dire, ferme.

Paul Adam, qui contribuait à une chronique littéraire, 'Parenthèses et Incidences' au *Symboliste* derrière le masque de Jacques Plowert, y vit l'occasion d'installer son alter ego comme le 'Littré' du Symbolisme. Kahn constate qu'en dépit de son très réel intérêt de curiosité littéraire, le glossaire qui vit le jour en 1888 fut une occasion manquée, trop hâtif et improprement exécuté:

Nous n'attachâmes pas à son œuvre assez d'importance. A le faire il eût fallu fondre nos projets et donner, d'un coup, importants, cette grammaire et ce dictionnaire des symbolistes qui eussent été des documents fort utiles. Nous érigions ainsi notre monument en face [de] celui qu'élaborent sans cesse les doctes ralentisseurs du Verbe qui s'évertuent à l'Académie.[11]

C'est non sans regret que Kahn parle d'un 'monument', de 'documents fort utiles', comme si le travail tel qu'il le concevait eût eu un triple intérêt: à la fois de vêtir les procédés symbolistes d'une apparence quasi-officielle, de les défendre des 'ralentisseurs du Verbe', et de léguer d'importants 'documents' aux futurs écrivains et chercheurs. L'œuvre projetée par Kahn eût été, dans ce cas, un travail de différenciation et de consolidation. Mais en fait,

Tel qu'il est et malgré l'abondance de ses fautes d'impression le petit volume, qui ne contient que nos néologismes alors parus, qui n'est qu'un petit répertoire, offre cet intérêt, qu'en le parcourant on pourra voir que tous nos postulats d'alors ont été accueillis, et sont entrés dans le courant de la langue et ne dérangent plus que de très périmés dilettantes.[12]

Selon Kahn, le glossaire conserve au moins l'intérêt de montrer que les procédés symbolistes, offensifs, radicaux, épatants en leur temps, sont maintenant bien intégrés parmi les ressources de l'écriture littéraire.

---

11 Ibid.
12 Ibid, pp.61-2.

Si les débuts de son glossaire se situent en pleine 'mêlée' symboliste, Plowert lui-même, en tant que personnalité littéraire, pré-existait à son chef-d'œuvre, car depuis presque deux ans sa chronique, 'Parenthèses et Incidences', paraissait dans *Le Symboliste*, revue fondée et dirigée par Gustave Kahn (directeur), Jean Moréas (rédacteur en chef) et Paul Adam (secrétaire de la rédaction). Comme on le sait, *Le Symboliste* succédait à *La Vogue*, où les mêmes personnages, ainsi que plusieurs noms qu'on retrouvera dans notre glossaire — Fénéon, Laforgue, Poictevin, Mallarmé — paraissaient chaque semaine. Dans le premier numéro du *Symboliste*, notons-le, on trouvera la réponse de Moréas à Anatole France, ainsi que la première parution, en dehors, bien entendu, des *Demoiselles Goubert*, de Plowert. Tout comme la revue dont il profitait de l'hospitalité et le 'Manifeste' qui provoqua tant de controverses, Plowert lui-même naquit en 1886.

Le rôle de Plowert à l'époque serait celui de défenseur du Symbolisme, non seulement contre la critique officielle, mais aussi contre les 'Décadents'. Comme la revue *Le Symboliste*, Plowert joue un rôle à la fois dans le combat de 'l'avant-garde' et dans la guerre civile qui se déroulait à l'intérieur de l'avant-garde. Là où le manifeste de Moréas exprimait une tentative de différenciation entre les nouveaux symbolistes et les décadents périmés, mais l'exprimait d'une manière sobre, Plowert poursuit le combat plus agressivement, toujours prêt à se mettre à l'œuvre en attaquant les personnalités, les œuvres, et les revues ennemies. Là où Moréas proposait la théorie de la nouvelle école d'une façon mesurée et calme, Plowert prend l'offensive. Plowert est chargé, par exemple, de relever les allusions et les comptes rendus des œuvres de ses camarades, et surtout, au début, de relever pour les lecteurs du *Symboliste* les diverses réactions au 'Manifeste' de Moréas. Citant plusieurs journaux et revues en France et en Belgique, la chronique de Plowert montre à quel point la nouvelle (sous-) école devait se défendre aussi bien contre les attaques des journaux tels que *La République Française*, que contre celles des revues à tendances 'modernes'. Parmi ces dernières, on soulignera en particulier *L'Art moderne*, revue belge pourtant ouverte à l'innovation littéraire, qui publiait ou allait publier Verhaeren et Maeterlinck, mais qui, en 1886, proposa même quelques lignes du *Thé chez Miranda* sous la rubrique 'Pathologie littéraire'.[13] En suivant l'itinéraire plowertien, du *Symboliste* jusqu'au *Glossaire*, il serait même possible de suivre les diverses manifestations d'une espèce de guerre civile documentée en profondeur dans les ouvrages de référence de Noël Richard, de Michel Décaudin, et de Guy Michaud.[14]

---

13   Voir 'Parenthèses et Incidences', *Le Symboliste*, 15 octobre, 1886.
14   Voir notre bibliographie.

Jean Ajalbert, dans ses *Mémoires en Vrac*, nous fournit une version assez claire et amusante, non sans parti-pris bien sûr, des liens entre le 'Manifeste' de Moréas, les revues *La Vogue* et *Le Symboliste*, et le *Petit Glossaire*. Tout en élucidant les rivalités aiguës entre les 'symbolistes' et les 'décadents', entre *Le Décadent* et *Le Symboliste*, Ajalbert dépeint une véritable mêlée pleine de rancune et de mauvaise foi. Selon lui la première chronique de Moréas dans *Le Symboliste* marque un retour aux 'hantises linguistiques' ('Au trop clopé des hongres et des cavales pies, les roues des véhicules se tarrabolent...') absentes du 'manifeste' du *Figaro*, où Moréas avait tenu 'un langage sans provocation'. Selon Ajalbert, 'Les "chironactes" de la presse pouvaient fouiller le Larousse! Mais Jacques Plowert allait les tirer de peine'.[15] En fait, Jacques Plowert allait les offusquer encore plus...

Voyons de plus près les débuts de 'Jacques Plowert' dans *Le Symboliste*. Sa première chronique vise Anatole Baju et *Le Décadent*, soulignant, suivant Moréas, que 'nous n'avons rien de commun avec ces marchands de décadence'.[16] Et pourtant, à lire les chroniques de Baju dans *Le Décadent*, il serait aisé de retrouver plusieurs propos sur le langage littéraire qui correspondent étroitement à celles d'Adam/Plowert. A titre d'exemple, voici Anatole Baju défendant les prétendus excès du 'langage décadent':

Notre but consiste à éveiller le plus grand nombre de sensations possibles avec la moindre quantité de mots. Notre style doit être tourmenté, parce que la banalité est l'épouvantail de cette fin de siècle, et nous devons rajeunir des vocables tombés en désuétude ou en créer de nouveaux pour noter l'idée dans la complexité de ses nuances les plus fugaces.[17]

De tels propos auraient facilement pu être signés 'Jacques Plowert', mais surtout aussi 'Paul Adam' — le Paul Adam de *Soi* ou de *Être*, du *Thé chez Miranda* ou des *Demoiselles Goubert*, le Paul Adam, également, des chroniques guerrières du *Symboliste*. Tous deux semblent d'accord en principe, sinon en pratique, en faveur d'un langage capable d'exprimer la richesse et la subtilité d'une expérience 'moderne'.

Ensuite, ayant balayé ses frères ennemis, il s'en prend à un adversaire plus traditionnel. C'est ici qu'on aperçoit un avant-goût du Plowert que nous connaissons, le Plowert lexicographe, passionné de l'innovation, mais prêt à insister que l'innovation est elle-même une *tradition à respecter*:

15 *Mémoires en vrac au temps du Symbolisme 1880-90* (Paris: Albin Michel, 1938), pp. 237-8.
16 'Les Voltes de M. Baju', *Le Symboliste*, 7 octobre, 1886.
17 *Le Décadent*, no 28, p. 1. A consulter à cet égard, Pierre Dumonceaux, 'Les "Décadents" ont-ils renouvelé la langue?', dans *L'Esprit de décadence* (Colloque de Nantes), t. II (Paris, Minard: 1984).

Rabelais, bonnement, se badelauriait là de ses propres procédés en les exagérant, jovial. Entre mille voici quelques obsolètes vocables de sa façon: otacuste, hyrcin, astome, uranopète, zythe, péchirarie, anagnoste, lucerne, flamivore, tenel, catégide, agélaste, furt, hypernéphéliste, acut, cranocolapte, manigoule, compacture, caprimulgue, acamas.

Nous espérons retrouver bientôt ces mots dans *Le Voltaire* sous la signature de M. A. Ranc.[18]

Plus loin, c'est toujours en guise de rénovateur du langage que notre glossarien — cette fois dans un article intitulé 'La Presse et le Symbolisme' et signé de 'Paul Adam' — se met à expliquer que les 'obscurités' et les 'excès' symbolistes ne sont, en fait, ni obscurs, ni excessifs:

> les symboles sont-ils aussi peu intelligibles qu'on le voudrait faire accroire? Cette phrase du *Thé chez Miranda* que publièrent avec des rires niais les manœuvres de la presse: *C'était l'hiémale nuit, et ses buées, et leurs doux comas*, en quoi saurait-elle le moins du monde paraître incompréhensible? Hiémal veut bien dire 'd'hiver'. Le Larousse des écoles émet cet avis. La buée, c'est 'la vapeur qui se dégage'. Le coma est 'une sorte de sommeil léthargique' caractérisant avec justesse ces buées immobiles dans l'air. Franchement, les gens qui ne peuvent comprendre cette phrase, on les peut tenir pour tout à fait ignares en leur dialecte.[19]

Porte-parole du nouveau groupement Moréas-Kahn-Fénéon-Adam, groupement largement responsable du *Petit Bottin des Lettres et des Arts* de 1886, la combinaison Adam-Plowert se taille le rôle de malabar symboliste.[20] Ces deux extraits du même numéro du *Symboliste*, l'un de Plowert et l'autre d'Adam, exposent une importante unité d'argumentation: Plowert défend l'innovation littéraire en maintenant que l'innovation est elle-même *traditionnelle*, tandis qu'Adam tente de montrer que, loin d'être obscure, l'écriture symboliste ne fait qu'utiliser, et remettre en usage, des mots parfaitement bien documentés. D'après eux, la critique officielle aurait mal compris l'étendue et l'ambition des grands poètes du passé, de même façon que le lecteur soi-disant 'mystifié' par les œuvres symbolistes

---

18 *Le Symboliste*, 7 octobre, 1886.
19 Ibid.
20 Voir aussi *Symbolistes et Décadents*, articles recueillis, annotés et présentés par Michael Pakenham, *Textes littéraires* LXX, University of Exeter, 1989, où l'on trouvera réunis les articles de 'B. De Monconys' et 'Octave Malivert' (pseudonymes de Paul Adam) consacrés à ses camarades. Cette série d'articles fait partie de la même entreprise autopublicitaire que notre glossaire.

se montrerait incapable de manier sa propre langue. Comme peut-être dans le cas de tout manifeste d'avant-garde, la querelle n'est pas avec le passé mais avec *le présent*. On pourrait aller plus loin encore: l'avant-garde se charge de disséminer ce qu'il y a de meilleur dans le passé (idée qu'on retrouve dans le manifeste de Moréas, ainsi que dans sa réplique à Anatole France). Ces mêmes idées, on les retrouvera dans la préface du petit *Glossaire*:

Les très nombreuses et incessantes polémiques que suscitèrent depuis trois ans les manifestations du groupe symboliste rappellent les grandes luttes qui, en ce siècle, signalèrent l'essor du romantisme et du naturalisme.

[...]

nous avouerons que les véritables néologismes apparaissent peu, que beaucoup de termes cités ici s'alignent dans les colonnes de l'abrégé du dictionnaire Larousse spécialement édité pour les écoles primaires, à la honte des folliculaires qui s'ébahirent à leur aspect.

Plowert demeure sensible au fait qu'une large partie de l'ambition symboliste concerne la *défamiliarisation* et le renouvellement de la langue familière. Si le Plowert a pour but 'd'aplanir les difficultés pour quiconque n'est pas initié au prestige hermétique des vocables', il cherche aussi à montrer qu'un 'prestige hermétique' s'attache même aux vocables amplement expliqués dans le *Larousse* ou dans le *Littré*. Grâce aux Symbolistes, auxquels Plowert — en passant et comme indiscutablement — accorde une importance comparable aux Romantiques et aux Naturalistes, 'le Verbe' est enfin libéré de son cachot.

Il y aurait alors deux façons de consulter notre glossaire. Et toutes deux reflètent les propos émis par Moréas dans son manifeste, c'est-à-dire: nouveauté, recherche, approfondissement de la langue; ainsi que *remise en usage* ou *réintégration* de vocabulaire alors hors de circulation. Le glossaire tel qu'on le trouve à présent a un statut paradoxal: il explique, tout en défamiliarisant, bon nombre de mots familiers (Anatole France y fait allusion). Ainsi il remet en cause le langage quotidien. Mais aussi il explique des centaines de mots bizarres, nouveaux, excentriques, cherchant, comme tout glossaire, à les *rendre familiers*. Il est non seulement question de néologiser ou d'ajouter quelques désinences raffinantes, mais aussi de remettre en valeur d'anciens vocables. Le glossaire tient à inventorier l'enrichissement de la langue que représente alors l'écriture symboliste. Mais pour les lecteurs contemporains, pour 'la critique officielle', ainsi que pour les Anatole France et Baju, il marquera sa démesure et sa conséquente faillite.

III: Les Contributions au *Glossaire*

'Ces absconses pages qu'aucune note explicative ne profane'
Félix Fénéon, *Petit Glossaire*, glose du mot 'Abscons'.

Passant à l'examen des contributions individuelles au glossaire, on s'apercevra de plusieurs disparités importantes. Que nous racontent-elles? D'abord, on s'étonnera peut-être du peu de mots tirés de Mallarmé, de Verlaine, et de Rimbaud. Parmi ceux-ci, les citations de Mallarmé proviennent entièrement de sa prose, où d'ailleurs le poète maniait un style aussi dense et troublant que dans sa poésie. Anatole France remarquera l'absence de la poésie mallarméenne en reprochant au glossaire l'exclusion du mot *Ptyx*, du fameux sonnet 'Ses purs ongles très haut dédiant leur onyx'.[21] C'est Mallarmé prosateur qui figure dans le Plowert. Pareillement, c'est la *prose* de Verlaine qui compte pour plus de la moitié de ses vocables recueillis dans le glossaire: ses *Poètes maudits*, ainsi que de nombreux emprunts aux *Hommes d'Aujourd'hui*. C'est Verlaine qui aide à définir, par exemple, le mot 'Décadent', ainsi que le mot 'Francisquesarceyse' ('forme adjective du mot F. Sarcey').

C'est Mallarmé qui ouvre le *Glossaire* avec le mot 'abscons'. La deuxième citation de ce mot provient de Fénéon, qui nous offre une phrase qui pourrait aisément servir de sous-titre au glossaire lui-même: 'Ces absconses pages qu'aucune note explicative ne profane'. Ce mot, sans doute très opportunément choisi pour lancer le livre, reste néanmoins assez commun, quoique 'Difficile à percevoir', en tant que définition, annonce le ton des vocables que nous proposent les pages qui suivent. Parmi les citations mallarméennes, 'Abstrus' ('Dissimulé'), et 'Latent' ('Qui est caché') rejoignent 'Abscons' en évoquant l'hermétisme et l'obscurité du Maître. On verra également que l'inclusion du mot 'Incantatoire', avec la glose mallarméenne 'Le vers qui de plusieurs vocables refait un mot total, neuf, étrange[r] à la langue et comme incantatoire', résume deux principaux rêves symbolistes: la pureté et la magie du vers, ainsi que l'invention d'une langue nouvelle, c'est-à-dire, en ce qui concerne le glossaire, le *néologisme*. Ainsi, en suivant les parutions de Mallarmé dans le glossaire, tâche d'autant plus facile qu'elles ne sont pas nombreuses, on verra, à partir de quelques mots, les grands traits de l'entreprise symboliste telle qu'elle se voulait à l'époque.

Le cas de Rimbaud est intéressant, car le glossaire, à travers ses collaborateurs et surtout à travers Fénéon, se situe vers le début du culte

---

21   Voir Patrick McGuinness, ' "Beaucoup de bruit pour rien": Mallarmé's *Ptyx* and the Symbolist *bric-a-brac* ', *Romanic Review*, 86, 1, (janvier 1995).

croissant de ce poète. Les *Illuminations*, avec notice de Verlaine, venaient de paraître aux éditions de *La Vogue*, le manuscrit ayant été retrouvé et préparé par Fénéon, qui publia son fameux article de compte rendu dans *Le Symboliste* du 7 octobre 1887.[22] En revendiquant les extraits rimbaldiens pour son glossaire, Plowert (nous pensons que ce fut Fénéon qui en envoya plusieurs, étant donné que quelques-unes des phrases avaient étés 'présélectionnées' dans son article du *Symboliste*) se charge d'attirer l'attention sur une littérature toute nouvelle et qui deviendra centrale dans l'œuvre de Rimbaud. Ici aussi, comme dans le cas de Laforgue, le glossaire nous mène directement à un événement littéraire d'une grande importance. Remarquons, par ailleurs, que les vocables et les usages bizarres abondent chez Rimbaud, et que le petit nombre qui se trouve dans le glossaire est surprenant — à moins qu'on ne considère le glossaire comme 'instrument [...] de publicité'[23] pour 'les jeunes' plutôt que pour leurs 'aînés'.

En tout, Mallarmé compte neuf citations, Verlaine quinze, et Rimbaud dix. Pourquoi si peu? Ici encore, la préface du Plowert explique:

> *Ainsi MM. Verlaine et Mallarmé n'employèrent jamais un mot exclu des dictionnaires officiels et leurs noms se trouveront rarement au bas des exemples.*

En ce qui concerne leurs rôles dans l'établissement du glossaire, il serait étonnant qu'aucun des trois ne fût lié directement à l'entreprise. On connaît d'ailleurs les doutes qu'entretenait Verlaine à propos de ses prétendus liens avec 'les Cymbalistes', et il est facilement concevable que Mallarmé ait eu d'autres choses à faire. Quant à Rimbaud, on le voit mal s'occuper d'un lexique en 1887-88. Ces poètes, déjà établis dans l'avant-garde, font plutôt figure d'aînés, mais Robert Jouanny semble un peu trop les 'piédestaler' (voir le glossaire) en jugeant qu'ils n'ont 'vraisemblablement d'autre objet que de faire rejaillir sur le glossaire un peu du prestige qui s'attache alors à ces écrivains'.[24] Etant donné le rôle de Fénéon dans la parution des *Illuminations*, l'amitié entre lui, Kahn, Moréas et Mallarmé, ainsi que le très réel intérêt que prenait Verlaine à la littérature contemporaine, il est facile de constater que les trois 'aînés' étaient eux-mêmes redevables à leurs 'disciples'. En les réunissant dans le glossaire, il semble aussi que le groupe

---

22 Où il déclare avoir parcouru une 'Œuvre enfin hors de toute littérature, et probablement supérieure à toute', Fénéon, *Œuvres plus que complètes*, édition en deux volumes de Joan U. Halperin, Genève, Droz, 1970, t.II, p. 575 (désormais *Œuvres*). Le rôle que joua Fénéon dans la parution des *Illuminations* est traité plus longuement dans Henri de Bouillane de Lacoste, *Arthur Rimbaud, Illuminations*, Paris, Mercure de France, 1949, et dans l'introduction aux *Œuvres plus que complètes* par Halperin. Les errances et les accidents dont fut victime le manuscrit sont décrits par Gustave Kahn, *op. cit.*, pp. 56-7.

23 La phrase est de Robert Jouanny, *Jean Moréas: écrivain français* (Paris: Minard, 1969), p. 286.

24 *Ibid.*, p. 282.

Adam-Moréas-Kahn-Fénéon ait pour but de réclamer Mallarmé, Verlaine
et Rimbaud, et d'établir, à travers le glossaire, une espèce de lignée directe
entre ces 'chefs d'école' et les nouveaux venus – tâche d'autant plus
importante que le glossaire paraît à un moment où les camps littéraires
étaient de prime importance. Le front 'anti-Baju', qui se rentranchait
derrière *Le Symboliste*, profite du *Petit Glossaire* pour poursuivre sa
bataille.

Reste, parmi les poètes qui retiennent aujourd'hui l'attention
soutenue de la critique, Jules Laforgue, mort l'année précédente, en août
1887. Ici c'est encore Fénéon qui se charge de la besogne, fidèle comme
toujours à ses 'travaux indirects'.[25] Fénéon, qui participait activement à la
publication des poèmes de Laforgue dans *La Vogue*, continua à faire
publier ses manuscrits après la mort de ce dernier, et, avec Edouard
Dujardin, prépara l'édition des *Derniers Vers* en 1890 (chez Vanier). Dans
L'Art moderne du 9 et 16 octobre, Fénéon publia une étude intitulée 'Les
Poèmes de Jules Laforgue', article qui, comme celui consacré à Rimbaud,
sélectionne plusieurs extraits laforguiens qui paraissent dans le glossaire.
L'article mérite qu'on en cite quelques lignes, vu que Fénéon y traite assez
longuement du *vocabulaire* du poète d'une façon qui touche directement au
glossaire:

Il propulsa aussi *aubader*, *hallaliser*, *s'engrandeuiller*, etc., et force
adjectifs, de *fiacreux* à *hosannah!*. Il lui arrive d'opérer par
épenthèse, et d'écrire: "Un air divin et qui veut que tout s'aime, s'in-
Pan-filtre..." [...] Parfois il juxtapose, accoue, soude deux mots pour
en former un troisième où se mélangent équivoquement leurs
valeurs; il obtient ainsi *sexciproque*, dont le sens participe sans doute
de sexuel et de réciproque, *volupté* (viol et volupté), *crucifiger*
(crucifier et figer), *Eternullité* (Eternité et nullité)...[26]

Laforgue compte un nombre très élevé de citations (57) sans pour autant
atteindre les sommets d'Adam, de Kahn ou de Fénéon lui-même. Son
vocabulaire, bien sûr, mérite amplement d'être choisi — comme le montre
l'article de Fénéon, la poésie de Laforgue, bien qu'assez mal connue à
l'époque, représente peut-être le plus durable répertoire d'usages
authentiquement bouleversants et étranges. A parcourir *Les Complaintes*,
Les Moralités légendaires ou *L'Imitation de Notre-Dame de la Lune*, on

---

25 Phrase qui évoque très bien l'énergie et l'altruisme qu'exerçait Fénéon à l'égard des artistes qu'il
    admirait, citée dans Fénéon, *Œuvres* t. I, p. LVI. Elle caractérise aussi peut-être son rôle dans le
    glossaire, vu non seulement le nombre de ses contributions directes, mais celles qui, si nous avons
    raison de compter plusieurs citations de Rimbaud et de Laforgue, peuvent être désignées 'indirectes'.
26 Fénéon, 'Les Poèmes de Jules Laforgue',*Œuvres*, t.II., p. 584. Le texte entier est repris dans *Œuvres*,
    t.II., pp. 579-88.

serait vraisemblablement reconnaissant d'avoir à sa disposition le travail de Plowert. Par contre, on constatera aussi que Laforgue, comme Rimbaud, y est plutôt modestement représenté par rapport au· nombre important de néologismes, de mots inventés, et de vocables spécialisés qu'on rencontre à travers son œuvre.[27] La parution du *Petit Glossaire*, où il fait figure à la fois de 'précurseur' et de contemporain, si peu de temps après sa mort, contribue à la destinée littéraire posthume du poète. Comme le montre Daniel Grojnowski dans l'introduction aux *Œuvres complètes* de Laforgue ('Fortune et infortune littéraire de Laforgue'):

Au lendemain de sa mort, Jules Laforgue apparaît comme un chercheur ou un 'Trouveur' [expression de René Ghil, dans son compte rendu de *L'Imitation*], l'un des écrivains d'avant-garde qui se sont fait remarquer par l'étrangeté des termes dont ils usent. *Le Petit Glossaire pour servir à l'intelligence des auteurs décadents et symbolistes* que Jacques Plowert, alias Paul Adam, fait paraître en 1888, ne cesse de puiser dans son œuvre les termes rares (adamantin, déhiscer, vortex) et les néologismes (angéliser, engrandeuiller, hallaliser, balsamyrrhé, hymniclame): hommage à double tranchant qui limite une poétique à des innovations sémantiques relevant du procédé.[28]

Plus tard, le spectre de Laforgue, ainsi que ses procédés poétiques, auront une fonction libératrice dans l'œuvre de Pound et de T.S. Eliot dans les vingt premières années de ce siècle, et c'est précisément son vocabulaire raffiné, ainsi que ses poses à la fois subversives et auto-ironiques, qu'ils retiendront dans de poèmes tels que 'Hugh Selwyn Mauberley' et 'The Love Song of J. Alfred Prufrock'. Pour Pound, Laforgue 'raconte son époque tout en en faisant partie':[29] il expose ses raffinements et ses hantises, ses prétentions et ses sensibleries tout en s'exprimant lui-même en tant qu'issu

---

27 A consulter, Madeleine Betts, *L'Univers de Laforgue à travers les mots*, Paris, La Pensée universelle, 1978. Betts cite et compare diverses réactions au vocabulaire de Laforgue. Pierre Souyris déclare que '[Laforgue] ne vise - dans ces nouveautés qu'il sait éphémères - qu'à des fins d'expression immédiate. Le néologisme ne fonctionne alors pas autrement que telle alliance de mots nouvelle, qu'une métaphore détonnante, qu'un rythme funambulesque!'. Pierre Reboul, pour sa part, maintient que les 'aberrations philologiques' de Laforgue 'veulent toujours exprimer une réalité étrangère au génie de la langue, voire de toute langue' (Betts, pp. 11-12). A lire Betts, on remarque en passant que les débats autour du langage de Laforgue - et de celui de ses contemporains 'symbolistes' et 'décadents' - ne changent guère entre Anatole France et la critique moderne.

28 Voir Jules Laforgue, *Œuvres complètes, Edition chronologique intégrale*, textes établis et annotés par Jean-Louis Debauve, Daniel Grojnowski, Pascal Pia et Pierre-Olivier Walzer avec la collaboration de David Arkell et Maryke de Courten, Lausanne, L'Age d'Homme, t. I 1860-1883 (1986), t. II 1884-1887 (1995). Cette excellente édition (désormais *OC* dans notre texte) est munie de variantes et de commentaires importants.

29 'He manages to be more than a critic, for in the process of this ironic summary he conveys himself, "il raconte lui-même en racontant son age et ses mœurs "', *Instigations*, p. 18.

de son âge. Si Laforgue utilise des vocables ingénieux et recherchés, c'est aussi bien 'le ton de l'époque' que sa vision toute particulière qui en ressort.

'Ubiquiter' ('Etre de tous les côtés à la fois'), 'Paranymphe' ('Le jeune ami du marié qui va chercher la mariée'), 'Limules' ('Genre de crustacés brachiopodes'), 'Callipédique' ('Qui concerne la procréation systématique de beaux enfants') ou 'Caronculé' ('Qui est muni de caroncules, petites éminences, excroissances'): ce bref catalogue sert à esquisser les paramètres d'une ingéniosité verbale qui exerce toujours les exégètes de la poésie symboliste.

En ce sens, les contributions de Laforgue servent un tout autre but que celles de Verlaine ou de Mallarmé. Ici, réellement, un lexique s'impose, bien que, encore une fois, dans la plupart des cas le sens du mot se laisse deviner à partir de mots trouvables dans les dictionnaires. Ce que montre Laforgue — et ceci vaut d'être noté — c'est que, à l'opposé de Mallarmé (chez qui en principe le mot est connu mais son sens est rendu indécidable par une syntaxe bouleversante et un processus d'association elliptique), le mot laforguien est ouvertement difficile à reconnaître. Là où Mallarmé force le lecteur à s'interroger lui-même, face à un mot connu mais dépourvu de ce que Beckett nommera 'secours sémantique',[30] Laforgue le pousse tout droit au glossaire. Ces deux faces de l'expérimentation linguistique 'Symboliste' ressortent clairement du glossaire de Plowert.

Avant de passer aux écrivains responsables des plus nombreuses contributions au glossaire, il sied d'examiner l'apport des Ghil, des Régnier, des Poictevin, des Vignier, des Vielé-Griffin et des Barrès. Ce sera vite fait.

René Ghil, qui à l'époque se brouillait avec les partisans du *Symboliste*, y figure trois fois seulement. L'auteur du *Traité du Verbe* était, comme Anatole Baju, devenu un adversaire. Les trois *Ghilismes* viennent du *Traité du Verbe*, c'est-à-dire, comme dans le cas de Mallarmé, de sa prose. C'est Ghil théoricien qui est mis à l'œuvre chez Plowert, avec ses 'Alvin', ses 'Aprilin' et ses 'Silve'.

Les dix emprunts faits à l'étonnant prosateur symboliste, Francis Poictevin, viennent de *Ludine* (1883) et de *Songes* (1884). Parmi ceux-ci on trouvera plusieurs mots qui renferment un aspect de 'l'atmosphère symboliste' telle que Pound et d'autres la concevaient. Chez Poictevin, c'est l'amour du vague et de l'atténuation: 'Effaçure', 'Luisance', 'Radiance', 'Etoffement' et 'Flocquer', dont deux correspondent à ce que Plowert, dans la préface, appelle la 'désinence: ANCE'. Ceci, nous précise Plowert, *'marque particulièrement une atténuation du sens primitif, qui devient alors moins déterminé, plus vague, et se nuance d'un recul'*. La phrase 'nuancé d'un recul' pourrait, en fait, très bien définir le genre où se

---

30   Beckett, *Watt* (Londres: Calder and Boyars, 1972), p. 79.

complaisaient Poictevin et beaucoup d'autres écrivains de l'époque. Mais le glossaire ne présente qu'une face de l'œuvre de Poictevin: son aspect, pour ainsi dire, 'typiquement' symboliste. L'autre face de cet écrivain malheureusement oublié serait celle qui poussait Louis Aragon, parlant de son propre projet pour un 'anti-roman', à le considérer comme 'précurseur'.[31] Joan Halperin, dans son excellente biographie critique de Fénéon, *Félix Fénéon: Aesthete and Anarchist in Fin-de-Siècle Paris*, va jusqu'à remarquer que l'œuvre de Poictevin est comparable à celle des *nouveaux romanciers*.[32] En tout cas, Verlaine, Barrès et Fénéon lui-même voyaient chez Poictevin une prose symboliste d'une originalité certaine.[33]

Henri de Régnier et Francis Vielé-Griffin figurent dans le glossaire pour deux et trois citations respectivement, aucun des deux ne faisant partie à strictement parler du petit groupe du *Symboliste*. Leurs noms ne font qu'étendre la sélection du glossaire. Charles Vignier, dont les trois citations proviennent de *Centon* (1886), et Maurice Barrès, dont la seule citation est tirée des *Taches d'Encre* pour gloser le mot 'Décadent' (avec Verlaine et Adoré Floupette), ne faisaient également pas partie du cénacle, et s'écartaient déjà, comme le faisait Vignier, de ce que Jouanny appelle 'le Symbolisme militant'.[34] Par amitié ou par désir de la part des lexicographes de paraître moins partisans, leurs contributions ne changent pas grand-chose à la portée du glossaire. Avec Laforgue, ce sont Moréas, Adam, Kahn, et surtout Fénéon qui dressent le véritable buffet de délices verbales.

Ce 'buffet' mérite un examen un peu plus approfondi, car on découvrira que les œuvres écrites en collaboration — les romans et les chroniques de revues — y comptent pour beaucoup. Le glossaire met *La Vogue* et *Le Symboliste* en vedette (soit en les citant directement, soit en citant diverses poésies de Laforgue qui y parurent), ainsi que leurs dirigeants et collaborateurs, donnant au glossaire une allure publicitaire préméditée. Ajoutons les quarante-six citations des *Demoiselles Goubert* (sans attribuer tel ou tel mot à Adam ou à Moréas), ainsi qu'un fort soutien des *Impressionnistes* et d'un seul numéro (le 268[35]) des *Hommes d'Aujourd'hui* de Fénéon consacré à Moréas, et on voit qu'en fait la base lexicographique de ce glossaire est plutôt limitée.

En tout, Paul Adam y figure pour 70 citations, Moréas pour 49 (sans compter celles des *Demoiselles Goubert*), Kahn pour 61, et Fénéon, menant de loin ses camarades, pour 92. Regardant de plus près encore, les citations

---

31 Louis Aragon, *Je n'ai jamais appris à écrire ou les incipit*, Genève, 1969, p. 62.

32 Joan Ungersma Halperin, *Félix Fénéon: Aesthete and Anarchist in Fin-de-Siècle Paris*, (New Haven: Yale University Press, 1988), pp. 47-9.

33 Voir l'article de Fénéon sur Poictevin, *La Revue indépendante*, novembre 1884; de Verlaine, *Les Hommes d'Aujourd'hui* 424 (sans date), et de Barrès, 'La Sensation en littérature', *Taches d'encre*, novembre-décembre, 1884.

34 Jouanny, p. 282

35 Et non, comme l'indique le glossaire, le '241'.

de Gustave Kahn viennent d'un seul livre: *Les Palais nomades* (1887).[36] La question de l'apport de Moréas a été longuement traitée par Robert Jouanny, qui fait le bilan détaillé de ses contributions au glossaire, ainsi que des conclusions qu'on pourrait en tirer: des 49 citations de Moréas, les seize empruntés aux *Cantilènes* (1886), les deux à 'L'Empereur Constant', et les deux aux 'Lais', rassemblent tous les extraits de ses vers. Le reste, emprunté au *Thé chez Miranda*, aux chroniques du *Symboliste*, et aux *Demoiselles Goubert*, est tiré de son œuvre en prose, où Moréas se permet un style tout à fait différent.[37] Ici aussi, c'est la prose, et non la poésie, et surtout la prose polémique ou journalistique, qui fournit la plupart des extraits. Disproportion d'autant plus évidente que les 92 citations de Fénéon, et les 70 d'Adam, ont leurs sources exclusivement dans la prose. Ceci représenterait-il une tentative de dissociation de la part de Moréas, qui, d'après Jouanny, craignait peut-être 'que l'on assimilât sa langue de poète à l'idiome tapageur des prosateurs symbolistes'?

> Moréas se sent déjà attiré vers une langue bien différente des néologismes crus à la manière de P. Adam ou des bizarreries de Fénéon [...] Moréas veut désormais apparaître comme un écrivain épris de la langue savoureuse, certes, mais recherchée et savante.[38]

Bien que Jouanny ait ses propres raisons de vouloir écarter Moréas de l'inventaire des outrances verbales qu'offre ce livre, il demeure évident que la petite place réservée à la *poésie* de ce poète et 'chef d'école', par rapport à sa prose critique ou romanesque, est à noter. En tout cas, Jouanny insiste sur la différence entre les procédés de Moréas et ceux d'Adam ou de Fénéon: Moréas ranime des termes médiévaux et il forme ses néologismes 'de façon savante', à partir de racines qui 'ne laissent guère d'incertitude sur leur sens'.[39] Etrange double-face de Moréas: ses contributions *poétiques* au *Petit Glossaire* demeurent fidèles aux principes de son 'Manifeste', tandis que sa prose romanesque et journalistique évoque plutôt les 'excès' de Fénéon ou de son collaborateur Adam . C'est donc chez ses collègues qu'il faudrait aller chercher la 'crudité' et la 'bizarrerie'.

Parmi les 70 citations de Paul Adam, on trouvera, toujours sans compter les emprunts aux *Demoiselles Goubert*, que *Le Thé chez Miranda* et *Soi* en fournissent le plus grand nombre. L'auteur de *Chair molle*, *Etre* et *La Glèbe* se laisse représenter par un roman tout récent et un roman écrit en

---

36 Voir J.C. Ireson, *L'Œuvre poétique de Gustave Kahn* (Paris: Nizet, 1962). Les pages 75 à 100 de cet ouvrage traitent des nouveautés linguistiques de Kahn, ainsi que de ses contributions au glossaire.

37 La principale chronique qui alimente le glossaire est la première, du 7-14 octobre 1886. Notons que plusieurs des mots qu'on y trouve sont utilisés également dans les deux romans de Moréas et Adam, montrant l'étroite correspondance entre la prose romanesque et la prose journalistique de Moréas.

38 Jouanny, pp. 284-5

39 Ibid., p. 285.

collaboration, et qui, depuis sa parution, suscite beaucoup de bruit. Comme nous l'avons remarqué plus haut, Adam-Plowert défend *Le Thé chez Miranda*, œuvre-vedette de son glossaire, depuis bientôt trois ans. Il n'est pas question ici de détailler les hantises et le développement de sa langue d'écrivain, ni d'étudier de près les termes du glossaire, mais encore une fois les échantillons de la langue d'Adam se bornent à un petit réseau d'œuvres alors parues. Dans son étude approfondie, *La Langue et le style de Paul Adam*, Thelma Fogelberg consacre un chapitre entier au *Plowert*, commentant minutieusement le vocabulaire d'Adam et traçant ses diverses formes à travers toute la gamme de son œuvre romanesque. Poussant l'instinct lexicographique à fond — et par là ajoutant au genre et à la mentalité que le glossaire d'Adam semble à la fois ironiser et encourager — elle classe ses mots de façon suivante: 'mots d'origine grecque ou latine', 'mots en -ance', 'mots en -ure', 'faux néologismes', 'mots communs', 'expressions grossières', 'argot militaire', 'mots détournés de leur sens' et ainsi de suite.[40] Ce livre, utile en lui-même, serait en quelque sorte un retentissement sérieux de l'intention au moins en partie *parodique* du glossaire original. Si, comme nous le postulerons plus bas, le glossaire est fait autant pour subvertir le faux raisonnement selon lequel la poésie peut être lue par le moyen d'un système lexicographique, n'est-ce pas tomber dans le piège que de reproduire les mêmes procédés dans un travail d'élucidation critique? Pour lui rendre justice, il faut se rappeler que la langue de Paul Adam fut sujette à beaucoup de controverses de son vivant, et que le livre de Fogelberg, paru en 1939, a une fonction critique très légitime: à savoir d'étudier la question du style d'un auteur qui même aujourd'hui semble, avec Fénéon, coupable des plus outrageux excès 'symbolistes'. Et il est à noter que le livre semble à présent manquer de pertinence, non parce que le style d'Adam a été, comme le suggère Kahn, 'absorbé', mais plutôt parce qu'on ne le lit plus. Quelques repères pourtant utiles ressortent du travail de Fogelberg: d'abord, elle nie qu'il 'se rencontre chez lui de vrais néologismes'; ensuite, elle fait remarquer 'qu'ils sont plus fréquents dans ses premiers romans, et de moins en moins dans les ouvrages de sa maturité'. C'est surtout dans les catégories des 'mots détournés de leurs sens' et des 'mots rares' qu'Adam dépasse les bornes du bon goût. Ayant établi qu'Adam forge ses néologismes 'là où le mot propre serait tout à fait suffisant', Fogelberg termine son examen avec ce jugement assez sévère:

Ici [avec les mots rares et détournés de leurs sens] Adam abuse du procédé, car il recherche une expression extraordinaire là où le terme

---

40   Thelma Fogelberg, *La Langue et le style de Paul Adam* , Genève, Droz, 1939.

usuel conviendrait mieux et donnerait à son style plus de sobriété, et par conséquent, plus d'élégance.[41]

Signalons en revanche qu'Ann Duncan nous semble plus au fait des ambitions et du contexte littéraire d'Adam et de ses amis, quand elle souligne leur 'sincérité', ainsi que la valeur intrinsèque de leurs expériences. Elle se dispose à porter un jugement plus indulgent, et certainement plus approfondi, du langage symboliste:

Les néologismes et archaïsmes employés si constamment par ces jeunes auteurs font partie d'une volonté sincère d'innovation littéraire et stylistique. [...] Par l'emploi des termes rares, par la désarticulation de la syntaxe habituelle, par des rapprochements insolites, ils espéraient renouveler la langue, lui redonner sa force évocatoire, au sens magique du terme. [...] on est trop souvent porté à déprécier la valeur positive de telles expériences. Elles surgissent de l'ambition d'élargir les frontières qui limitent l'expérience humaine, de renouveler la forme même de l'art, conception qui forme la base de toute création esthétique.[42]

Ce que représente donc le glossaire, n'est que le Paul Adam de 1888, le Paul Adam qui tente de se libérer des contraintes de son apprentissage naturaliste. Jean Ajalbert, pour sa part, tient à ce qu'on ne confonde pas la langue selon lui légitime d'Adam avec ce qu'il nomme le 'factice arbitraire' de Fénéon. On voit, ainsi, comment chaque partisan critique, face au glossaire, cherche à dissocier son auteur des excès de ses collègues, tente de distinguer entre l'apport sérieux de l'individu et l'entreprise quasi parodique du collectif. Ainsi, la contribution d'Adam au glossaire serait, pour Ajalbert, promesse d'une 'forte prose' à venir:

Comme j'encaissais les *algide*, les *atténuances*, les *courvures*, les *en jauni*, les *étirances*, les *incurve*, les *lactescentes*, les *mirances* de Paul Adam. Mais, ici, ce n'était plus le factice arbitraire de notre Félix Fénéon... déjà le prosateur fécond prouvait un don verbal d'une puissance certaine.[43]

Devant Adam s'étend une longue et brillante carrière littéraire qui bientôt débordera les couvertures du glossaire qu'il dirigea en 1888, ainsi que les bornes du mouvement dont il faisait partie. Moréas, Kahn, Adam,

---

41 Ibid., p. 219.
42 J. Ann Duncan, *Les Romans de Paul Adam: du Symbolisme littéraire au Symbolisme cabalistique* (Berne, Peter Lang: 1977), pp. 61-2.
43 *Mémoires en Vrac*, p. 239

Laforgue: la contribution de ce cénacle symboliste à la littérature de l'époque dépassera largement l'image qu'en dresse le *Petit Glossaire* de Plowert, et qui n'en représente, il faut le dire, qu'une minime, mais importante, partie de leurs œuvres alors parues. On dirait même qu'elle le dépasse déjà: aucun de ces écrivains ne se donne entièrement à ce projet d'échantillonnage, et chacun se garde, pour ainsi dire, en réserve. Ainsi on lira ce glossaire non seulement pour voir ce qu'il contient, mais pour deviner ce qu'il *ne contient pas*. C'est encore Ajalbert qui le souligne:

> Les abracadabrances étaient réservées aux chroniques du "Symboliste", aux proses en collaboration du *Thé Chez Miranda* et des *Demoiselles Goubert*... De même, Paul Adam y exaspéra ses facilités "scripturales". Provocations et défis juvéniles, comme pour son complice Moréas.
>
> Ce n'est que dans ces deux volumes et dans *Soi* que Jacques Plowert pouvait relever quelques termes des *chevrotances*, des *luisances* et autres *navrances* pas bien terribles par quoi l'auteur de *Chair molle* se dégageait de son premier style naturaliste...[44]

Reste Fénéon. C'est lui qui choque le plus, non seulement en raison de ses vocables, mais par la densité et la concentration de ses termes spécialisés. Chez lui, il n'est pas question de semer quelques obscurités le long d'une prose autrement familière, mais au contraire de poser le raffinement, le recherché, le difficile, au cœur même de son style d'écrivain. A en croire le portrait qu'Ajalbert peint de lui dans *Les Mystères de l'Académie Goncourt*, même sa conversation quotidienne réclamait à son interlocuteur l'usage d'un glossaire.[45]

Les Impressionnistes en 1886 (éditions de *La Vogue*, 1886), classique de l'histoire de l'art moderne, résume l'importance de Fénéon à l'époque, et fournit un nombre élevé de citations. Chez lui, c'est un style critique, venu d'un critique professionnel (et non pas quelques polémiques où les poètes et les romanciers peuvent se laisser aller), qui est mis en valeur. Selon Ajalbert, le glossaire, tout en étant un véhicule publicitaire pour les collaborateurs de *La Vogue*, l'est surtout pour les 'nouveautés' de Fénéon, ce bizarre esthète anarchiste, renouvelant le langage critique, défamiliarisant les mots tout en essayant de familiariser le public avec les œuvres des peintres qui jusqu'alors ne se savaient pas 'symbolistes':

> C'est Fénéon qui fournit le plus de nouveautés: Un écrivain *acaule* (qui n'a point de tige), des exaltations *acescentes* (qui deviennent

---

44 Ibid., p. 240.
45 Jean Ajalbert, *Les Mystères de l'Académie Goncourt* (Paris, Ferenczi: 1929), p. 67

acides), une écriture *acutangle* (à angles aigus), des vents *étésiens* (caniculaires), des *labiles* chansons (sujettes à glisser) et des *mimeux*, des *néphélibate*, des *papelonner*, des *pelvins*, des *plumuleux*, des *scissiles*, des *strapassoner*, des *telluriques* empruntés à l'anatomie, à la botanique, à la géométrie, au blason, dans un jeu de perpétration constipée où seuls les peintres, à qui il révélait qu'ils étaient symbolistes, pouvaient se complaire comme nous nous en amusions.[46]

Ce petit catalogue donne une idée assez nette des procédés de Fénéon: une langue exorbitante, énergique, analytiquement rêveuse. Elle déborde d'emprunts à divers ordres terminologiques spécialisés, fournit un spectacle d'innovation débridé, qui reste pourtant, à sa manière, enrichissant. Ajalbert, cette fois dans *Les Mystères de l'Académie Goncourt*, précise que Fénéon 'forgeait à froid [...] plus de vocables épastrouillants, à lui seul, que tous les jeunes entrepreneurs de démolition et de reconstruction linguistique d'alors'.[47] Chez Fénéon, on rencontre de l'humour, du jeu, le pur plaisir de la liberté et de la création. Fénéon élève le journalisme au même niveau que la création poétique, comme en témoignent ses bizarres 'Romans en trois lignes', ainsi que ses plus menus travaux de comptes rendus et de chroniques. Si Paul Adam, dans ses romans, offrait à la prose romanesque les mêmes libertés dont jouissait la poésie, Fénéon faisait de même pour la prose critique et journalistique. C'est surtout, chez Fénéon, une tentative de rapprocher le prestige du critique de celui de l'artiste. C'est par lui que le journalisme culturel de cette fin de siècle arrive à son apogée. En incluant Fénéon parmi ses prosateurs, le glossaire évoque une contribution toute particulière à l'époque, ainsi qu'un travail 'indirect' mais soutenu dans les 'coulisses' de la vie littéraire et artistique.

Il reste quelques mots à dire à propos de Fénéon. Maintes citations de ce glossaire ouvrent, directement ou indirectement, sur les pages de ce prodigieux critique. Que ce soit un mot bizarre des *Impressionnistes* ou un extrait des *Illuminations* ou des *Complaintes* qu'il fit remarquer dans un de ses articles, Fénéon semble rôder derrière le glossaire comme il rôde derrière la littérature, la peinture, le théâtre, la culture populaire et la politique de son époque. Quiconque voudra comprendre la vitalité, les contradictions et la richesse de l'époque se réjouira de ses *Œuvres plus que complètes*. Les articles de Fénéon, auxquels nous renvoie souvent le glossaire, témoignent d'un vif plaisir d'écrire et de découvrir, et c'est à travers son œuvre qu'on 'découvre' — avec plaisir — la culture artistique du Symbolisme. En faisant le rapprochement entre Laforgue et Corbière,

---

46   *Mémoires en vrac*, p. 238
47   *Les Mystères de l'Académie Goncourt*, p. 63.

Fénéon avait remarqué ce qu'il nommait 'des logomachies carnavalesques':[48] belle phrase qui sert également à décrire son propre travail.

Que conclure de cette 'parade sauvage' de vocables qui, en même temps, de bonne foi mais non sans ironie, semble offrir sa propre clé en forme de glossaire? En effet, on y retrouvera bien des bizarreries, des excentricités, des atteintes outrageuses aux langages littéraires et quotidiens. Mais il est également vrai que le lecteur aurait su remonter au sens de la plupart des termes en se référant à plusieurs dictionnaires alors en circulation: c'est bien ce que précise la préface de Plowert, ainsi que les chroniques d'Adam du *Symboliste*. Ce que montre le glossaire, à travers son choix d'exemples, tient sa valeur de ce qu'il résume l'activité d'une partie de l'avant-garde symboliste: celle, jeune encore, qui cherche à se faire connaître, et qui, fière de sa contribution au renouvellement de la langue littéraire, tient à ce qu'on reconnaisse que le Symbolisme ne se limite aucunement à la poésie, mais s'étend à la prose romancière, critique et journalistique.

IV: La lignée parodique

DICTIONNAIRE   En rire — n'est fait que pour les ignorants.
(Flaubert, *Dictionnaire des idées reçues*)

Nous nous sommes borné, jusqu'ici, à parler de la valeur scolaire et documentaire de ce glossaire; et par conséquent, nous l'avons traité comme un glossaire, plutôt qu'une parodie de glossaire. Mais c'est à cette dernière possibilité qu'il faudrait s'adresser afin de pouvoir l'examiner jusqu'au bout.

Le glossaire s'inscrit dans la lignée, déjà bien établie à l'époque, de l'ouvrage de référence parodique. Dans le domaine poétique, *Le Parnassiculet contemporain* (1866), parodiant les Parnassiens, fut suivi en 1886 par les *Déliquescences d'Adoré Floupette* de Beauclair et Vicaire. *Les Déliquescences*, comme le *Glossaire*, parurent chez Léon Vanier, ou plutôt chez 'Lion Vanné', bibliopole à 'Byzance'. La mention d'Adoré Floupette dans notre glossaire, pour éclaircir le terme 'Décadent', montre à quel point les Symbolistes et Décadents appréciaient la parodie, et y voyaient, en quelque sorte, une façon parfaite de projeter, en caricature ou en revers, leur propre image. Plusieurs poèmes de 'Floupette' avaient même paru dans *Lutèce* côte-à-côte avec les produits 'authentiques', comme si cet être torturé de clichés et d'idées reçues résumait parfaitement, en les exagérant, les traits d'une école entière. Chaque poème de Floupette use et abuse d'un

---

48 'Les Poèmes de Jules Laforgue', *Œuvres*, t.II., p. 585.

style attribuable, chacun se réfère à un poète contemporain, tandis que le recueil les fond tous en une seule figure emblématique. Le mélange d'ironie et de servitude formelle et thématique dans ces poèmes sert peut-être de définition parfaite de la parodie: il faut sans cesse faire allusion au parodié (son vocabulaire, son rythme, sa forme), en singeant à fond ses traits, tout en établissant une distance qui signale, pour ainsi dire, les intentions parodiques du poème. C'est une fine combinaison d'esclavage et de défi, de respect et de moquerie. Dans Floupette on trouvera du Mallarmé, du Rimbaud, du Verlaine et du Laforgue, de fortes doses de Rollinat, de Guaïta, de Tailhade, de Corbière et de Moréas, ainsi qu'une 'esquisse biographique' du poète écrite par son ami, 'Marius Tapora: *Pharmacien de 2e classe*'. C'est comme si M. Homais ou Tribulat Bonhomet étaient devenus membres zélés de l'avant-garde. Floupette se gausse de plusieurs techniques symbolistes et décadentes: les sonnets 'boîteux', les archaïsmes, les jeux d'assonance et d'allitération, l'amour des abstractions en majuscules, les images recherchées, les couleurs floues et les atmosphères indistinctes. En somme, c'est une bonne partie de l'idiolecte de la nouvelle école qui se retrouve, exaltée et retournée contre elle-même, chez Floupette. Les 'outils parodiques', il les avait repérés bien avant Ezra Pound. Même son 'Liminaire' (avec pour épigraphe la phrase de Verlaine 'Et tout le reste est littérature') semble rendre le 'ton de l'époque', et aurait lui-même mérité quelques citations dans le glossaire:

> *En une mer, tendrement folle, alliciante et berceuse combien! de menues exquisités s'irradie et s'irise la fantaisie du présent Aède. Libre à la plèbe littéraire, adoratrice du banal* déjà vu, *de nasilloter à loisir son grossier ron-ron. [...] Mais l'Initié épris de la bonne chanson bleue et grise, d'un gris si bleu et d'un bleu si gris, si vaguement obscure et pourtant si claire, le melliflu décadent dont l'intime perversité, comme une vierge enfouie emmi la boue, confine au miracle, celui-là saura bien, — on suppose, — où rafraîchir l'or immaculé de ses Dolences. Qu'il vienne et regarde.*[49]

Le *Petit Glossaire* cherche à bannir 'la pernicieuse difficulté pour quiconque n'est pas *initié* au prestige hermétique des vocables' de ses auteurs, et sa préface ne peut que rappeler au lecteur quelque chose du défi lancé par le Décadent par excellence que fut Adoré Floupette. Et après tout, pour que la parodie réussisse, ne faut-il pas que les objets de la parodie soient assez courants, assez bien intégrés dans le discours de l'époque? Il semblerait que oui. Ainsi, la parodie fait toujours figure de marque de

---

49 *Les Déliquescences. Poèmes décadents d'Adoré Floupette*, Vanier, 1885. Nous nous référons à l'édition établie par Noël Richard (Paris: Nizet, 1984), p. 47.

succès, tout en signalant que le parodié est désormais victime de ce succès: c'est un signe, parmi d'autres, que le nouveau mouvement est enfin arrivé, qu'il est discuté, et qu'il a à présent une place réservée dans l'histoire littéraire de son temps. Il faut qu'on reconnaisse la parodie, qu'on prenne conscience à la fois de l'ironique et de l'ironisé, et pour ça il faut bien connaître Mallarmé ou Verlaine, Rollinat ou Rimbaud. Mais par ailleurs, n'est-ce pas se borner à la parodie *consciente* que de parler d'Adoré Floupette? Les incantations sataniques de Rollinat, les 'Quelqu'un a dévissé le sommet de ma tête' d'Iwan Gilkin, les 'sanglots longs' de Verlaine ne touchaient-ils déjà pas d'eux-mêmes quelquefois à la parodie *inconsciente*? Le glossaire sert à souligner ceci: que la poésie et la prose de l'époque contiennent déjà les ingrédients de leurs propres parodies, de leurs 'appuis', comme allait le déclarer Pound en 1918.

Après le recueil parodique, ne serait-il pas grand temps de faire paraître un *glossaire* parodique? Le dictionnaire parodique irait même encore plus loin, en se permettant d'ironiser non seulement sur ce qu'il éclaircit (les mots, les idées, les auteurs), mais sur le projet d'éclaircissement lui-même, c'est-à-dire à la fois le désir de s'expliquer au lecteur et le lecteur qui désire des explications. Les deux faces du 'contrat' littéraire sont ainsi déridées: les prétentions du 'producteur' qui se vante de son athlétisme verbal, et le positivisme du 'consommateur' qui se vante de son 'bon sens'. Le poète épris du difficile, de l'obscur, de l'hermétique, et le lecteur qui les renie se trouvent tous deux empêtrés dans le même filet.

Le Dictionnaire des idées reçues de Flaubert, espèce de sottisier des décennies précédentes, avec sa fameuse définition du mot *Dictionnaire*: 'En rire. N'est fait que pour les ignorants', demeure un chef-d'œuvre satirique de cette espèce. Il semble que le glossaire conserve cet axiome comme sous-texte et épigraphe silencieuse.

Dans le domaine de l'ouvrage de référence parodique, ou du moins ironisant, on voit que le groupement Adam-Moréas-Fénéon (avec Oscar Méténier), avait, deux ans avant son glossaire, tenté quelque chose de semblable dans le *Petit Bottin des Lettres et des Arts*. Cet ouvrage avait paru en 1886, chez Giraud. Sorte de 'panorama littéraire', on y retrouve la même mêlée de motivations ambiguës: d'une part, le désir de se faire connaître, de l'autre, un ton auto-ironisant et auto-publicitaire qui ne seraient pas passés inaperçus du lecteur contemporain. Cette espèce de bréviaire d'hommes et de femmes du jour reste un document fort intéressant, offrant des portraits en vers et en prose, des croquis, des caricatures et des médaillons, et qui nous dit long sur la disposition du champ littéraire de l'époque. Hommages, parodies, portraits d'écrivains ou d'artistes, les contributions de Moréas dressent parfois une image en raccourci de tel ou tel artiste, parfois se permettent un rapprochement avec le dénommé Floupette. Les médaillons en prose de Fénéon sont alimentés du même style ironique et recherché qu'on lui sait. C'est lui, par exemple, qui fournit le portrait d'Adam ('Repris de justice. Se distingue de ses confrères de la cour d'assises par des costumes d'une pureté géométrique, une allure compassée de plénipotentiaire, de très longs cols où se posent les vingt-trois ans d'une tête immobile que rompt une bouche de joueur de whist.'); de Laforgue ('Glabre et dodu jeune homme. Chante à la Lune d'insidieuses et aromales Complaintes des litanies incantatoires.'); de Mallarmé ('Issu des amours tératologiques de Mademoiselle Sangalli, du Père Didon et de l'illustre Sapeck.'); de Moréas ('Poèmes savants et rébarbatifs, contrôlés par une échométrie de précision, teints de colorations minérales. A travers leur symbolisme rôde et plangore une adventice et hagarde faune de bêtes, de nains et de nigromans qu'il affène de synecdoques et d'anacoluthes. Dit volontiers de sa voix de métaux: 'Baudelaire et moi...'); de Verlaine ('il gîte aujourd'hui près de la place de la Roquette, sur laquelle il périra sans doute, et, par là, enfoncera définitivement François Villon.').

Ce qu'on remarquera surtout dans le *Petit Bottin*, c'est un manque de respect élégant, une érudition ironiquement prétentieuse, qu'on retrouve également à la base du glossaire. Le *Petit Bottin*, comme le *Petit Glossaire*, dégonfle les littérateurs contemporains tout en les élevant. En tout cas, le compte rendu du *Plowert* qui parut dans *La Revue Indépendante* le 1er novembre 1888, et signé Félix Fénéon, semble indiquer précisément cette espèce d'ironie 'à double portée':

> Craignant que l'acheteur du livre ne trouvât pas assez extravagantes les phrases collectionnées, le lexicographe leur a fait subir de tératologiques déformations. On aime mieux lire par exemple: 'des jeunes filles dont le torse d'une viticible de gnomon jaillit de l'herbe soleillée où s'annulent les sols' que de lire 'verticalités... robes'; les vers s'allongent comme la prose; la prose s'étage en vers; [...] enfin, en manière de plaisanterie, on a ajouté au glossaire un erratum qui, au lieu d'avoir cent pages comme le glossaire lui-même, en a une. Un avant-propos trop bref émet des opinions plausibles sur la formation des mots, sur l'action des désinences.[50]

Peut-être le signe le plus évident de l'intention du glossaire, en dehors de son 'ton' de préciosité érudite, est le fait que plusieurs des 'explications' refusent d'éclaircir tout à fait, et vont même jusqu'à ajouter quelque mystification supplémentaire. On verra, par exemple, que le glossaire glose un mot en utilisant d'autres mots, inexpliqués, qui sont parfois encore plus bizarres. Souvent, le 'contexte' d'un mot laforguien ou d'un exemple tiré des

---

50 Repris dans Fénéon, *Œuvres*, t.II, p. 795. Nous reproduisons ce bref compte-rendu en appendice.

chroniques ou des romans collaboratifs ne représente qu'un catalogue de vocables pareillement outrés. Egalement, on trouvera, comme le note Anatole France, des mots plus ou moins en circulation et nullement nouveaux, qui souffrent dans le glossaire d'un détournement de sens qui, par conséquent, montre que la 'langue décadente' avale et recrache le langage habituel, l'annexe et le déforme pour ses propres besoins. Mais aussi, et par contre, on verra des mots qui ne sont aucunement détournés sémantiquement, et insèrent ce même langage décadent (et France le souligne aussi) au sein de l'écriture habituelle. Le ton ironique se poursuit parmi les 'Errata' dont parle Fénéon, où on trouvera par exemple qu'au lieu de signifier 'manque de méditation', le mot 'Agnosticisme' signifie 'excès de méditation subtile sur un sujet liturgique'. Ainsi, le glossaire irrite et provoque sur tous les plans, déboulonnant également la rhétorique de l'ouvrage de référence. Il en émane, comme dans le cas du *Petit Bottin*, un ton de provocation, comme s'il cherchait, à chaque 'explication', à plonger le lecteur davantage dans ce qu'Anatole France nomme 'la pharmacie' de l'artifice verbal, dans l'invention démesurée, tout en servant de véhicule publicitaire pour une coterie d'écrivains.

Un autre compte rendu qui parut, celui d'Anatole Baju, montre à quel point les partisans du *Décadent* se sentaient visés par le glossaire, travail d'une phalange symboliste ennemie qui depuis quelque temps les malmenait dans les pages de leurs revues rivales. Pour Baju, le glossaire présente une image inexacte du mouvement décadent:

> Un aimable farceur qui signe Plowert s'est avisé de faire un *Petit Glossaire pour servir à l'intelligence des auteurs symbolistes et décadents*. Il cherche surtout à prouver que les décadents ne connaissent pas leur langue, en leur attribuant des mots qu'ils n'ont jamais employés. Inutile de prévenir nos lecteurs que ce livre n'a aucune importance.[51]

Difficile de voir, pourtant, comment Baju pouvait se croire directement atteint par ce glossaire, vu que ni lui ni sa revue n'y sont explicitement visés, hormis une seule et brève mention sous la rubrique 'Décadent', elle-même passée sans commentaire.

En fait, à propos de ce que Plowert dans sa préface nomme les 'désinences' *-ance* et *-ure* appliquées aux mots connus, Baju tient à nier qu'elles représentent la véritable langue décadente. Dans *Le Décadent* du 1er février 1889 il écrit, à propos de *Tout à l'égout* de Gyp:

---

51 Anatole Baju, *Le Décadent*, 1er novembre, 1888.

Cette bonne dame a voulu se distinguer en donnant son petit coup de patte à l'Ecole décadente. Elle met dans la bouche d'un de nos adeptes une langue qui n'a jamais été la nôtre. *Vibrance, navrance,* etc..., mais ma pauvre Gyp, il y a déjà de longs ans que les plus inavoués symbolos ont perdu l'habitude de ça. [52]

Anatole France, par contre, veut y voir une plaisanterie, mais finit par prévenir les lecteurs du *Temps* qu'il y discerne un dangereux élément de sérieux. Pour lui, la parution du glossaire constitue une nouvelle étape dans la dégradation progressive du langage littéraire, et il profite de son compte rendu pour rattacher le glossaire au développement d'une maladie générale et croissante:

Ils sont sincères: une affreuse maladie déprave leur sens. Le langage décadent n'est que le commencement de l'aphasie qu'amène la paralysie générale. [53]

Sincère ou pas, ce petit livre demeure symptôme d'une dangereuse arrogance, qui par conséquent lui donne une importance bien au-delà d'une simple plaisanterie éphémère. Pour France, il n'y a pas à s'y méprendre: le *Petit Glossaire* fait partie d'une évolution — voire une *dégénération* — qui menace le génie de la langue française. C'est 'l'esprit français dans sa dernière sève' qui se manifeste à travers ce lexique. A passer en revue les termes qu'utilise France pour exprimer la situation actuelle — 'démence', 'manie contagieuse', 'épidémie' — on voit à quel point le langage quasi médical fournit un discours commun aux 'Symbolistes et Décadents' ainsi qu'à leurs adversaires. En fait, nombreux sont-ils à l'époque à employer le discours de la médecine en matière littéraire. Paul Bourget, Anatole France, les 'Hydropathes' et les 'Névropathes', *Les Névroses* de Rollinat, et bientôt Max Nordau avec son célèbre livre *Dégénérescence* (*Entartung*, 1892), pour n'en citer que quelques-uns: tous utilisent les ressources et les métaphores médicales, qu'ils soient pour ou contre la littérature contemporaine, pour tracer les mouvements de l'avant-garde littéraire. La condamnation, de la part d'Anatole France, que provoque le glossaire, va beaucoup plus loin qu'un simple compte rendu hostile: il fait le bilan négatif sur les manifestations récentes des lettres françaises. Il résume les grands traits du vocabulaire de 'dégénérescence' dont s'alimentent à la fois l'avant-garde et son opposition.

---

52   *Le Décadent*, 1ᵉʳ février, 1889.
53   Anatole France, 'La langue décadente', *Le Temps*, 27 octobre, 1888.

Ce glossaire peut ainsi se vanter d'une certaine valeur documentaire: il se situe en plein milieu des débats symbolistes et décadents, témoigne de leurs profondes ambiguïtés de motivations, et souligne les rivalités et les règlements de comptes qui caractérisent l'émergence de la nouvelle littérature. En dépit du fait qu'il reste l'œuvre de quelques individus qui sont en train, même en le préparant, de le dépasser, le *Petit Glossaire* de Plowert a une place importante dans le développement de l'école 'symboliste'. Il constitue un épisode dans le feuilleton du Symbolisme, de la séparation entre 'le Symbolisme' et 'la Décadence', et fait partie du même drame que jouent *La Vogue*, *Le Symboliste* le *Petit Bottin*, et le 'Manifeste' de Moréas. Ce drame, qui se termine peut-être lors de la parution chez Vanier des *Premières armes du Symbolisme*, mais qui se prolonge à travers les deux décennies qui suivent, constitue lui-même une étape importante dans la littérature française.

La dernière raison pour laquelle nous rééditons ce glossaire, est le fait qu'il représente une espèce d'anthologie contemporaine d'écriture symboliste et décadente. En le feuilletant, le lecteur rencontrera plusieurs auteurs connus, inconnus et oubliés, qui dans leur ensemble attestent de la diversité de l'avant-garde symboliste. Il se peut que le lecteur découvre, chez Poictevin ou Vignier ou Vielé-Griffin, des pistes qui valent la peine d'être suivies, et des œuvres qui valent la peine d'être relues. Qu'il aille à la bibliothèque demander *Ludine* ou *Songes*, *Centon* ou *Les Demoiselles Goubert*, et le glossaire aura fait une partie de son travail: celui de provoquer la curiosité. Ce même lecteur verra, aussi, comment des auteurs tels que Fénéon, Kahn ou Moréas se situaient à l'époque par rapport à leurs aînés, Mallarmé et Verlaine. Enfin, il verra comment, même en 1888, certains jeunes auteurs furent assez conscients de l'importance de Rimbaud et de Laforgue pour les inclure dans une avant-garde que ces derniers avaient, d'une manière ou d'une autre, quittée, et que le glossaire commençait à placer parmi les grands poètes de l'époque.

En remettant en circulation le *Petit Glossaire pour servir à l'intelligence des auteurs décadents et symbolistes* de Plowert, œuvre qui, mine de rien, se trouve au centre d'une véritable toile d'araignée littéraire de la fin du dix-neuvième siècle, il est à espérer qu'on puisse en récupérer un peu de ce que Pound nommait 'le ton de l'époque'. Il est également à espérer, maintenant que les disputes et les rivalités de jadis se sont tues, que l'on puisse aujourd'hui trouver ce glossaire non seulement instructif mais amusant. C'est certainement ce double but que poursuivait Plowert en 1888.

Notes sur l'établissement du texte

Texte de base: *Petit Glossaire pour servir à l'intelligence des auteurs décadents et symbolistes* par Jacques Plowert, publié en octobre 1888 par Vaniér, bibliopole, Imprimerie du Progrès, Planteau, 7 Rue du Bois, Asnières. 98 + IV pages.

Plusieurs problèmes se sont présentés au cours de la préparation de ce texte.

Le plus évident concerne les fautes d'attribution, où Plowert donne une source incorrecte pour tel ou tel mot. La typographie, les abréviations et les références sont souvent inconsistantes. Dans ces cas, nous laissons le texte original tel qu'il paraît, en corrigeant les erreurs dans nos notes.

Quant aux fréquentes petites fautes d'impression (nullement corrigées dans les *Erratum* de l'édition Vanier), nous ne les corrigeons que quand elles menacent le sens de telle ou telle phrase, et nous signalons ce procédé par [sic]. Il en va de même pour les rares cas où Plowert insère un mot qui ne se trouve pas dans le texte original de tel ou tel auteur.

Un dernier problème: comment annoter un tel livre, étant donné le nombre de vocables dignes d'annotation? Nous avons résolu ceci en nous bornant à signaler des pistes à suivre, les dates des œuvres, des rapprochements à faire, et quelques remarques susceptibles d'intéresser le lecteur.

BIBLIOGRAPHIE SOMMAIRE

ADAM, PAUL.   *La Correspondance de Paul Adam*, établie, présentée et
                   commentée par J. Ann Duncan, Paris, Nizet, 1982.

———————   *Symbolistes et Décadents*, Articles recueillis, annotés et
                   présentés par Michael Pakenham, *Textes littéraires* LXX,
                   University of Exeter, 1989. [Articles signés 'B. de
                   Monconys' et 'Octave Malivert'.]

AJALBERT, JEAN.   *Les Mystères de l'Académie Goncourt*, Paris, Ferenczi,
                   1929.

———————   *Mémoires en vrac. Au temps du Symbolisme 1880-1890*,
                   Paris, Albin Michel, 1938.

BOURGET, PAUL.   *Essais de psychologie contemporaine*, Paris, Lemerre,
                   1883.

———————   *Nouveaux essais de psychologie contemporaine*, Paris,
                   Lemerre, 1888.

DÉCAUDIN, MICHEL. *La Crise des valeurs symbolistes*, Toulouse, Privat, 1960.

DUNCAN, J. ANN.   *Les Romans de Paul Adam. Du symbolisme littéraire au
                   symbolisme cabalistique*, Berne, Peter Lang, 1977.

L'Esprit de décadence [Colloque de Nantes, 1976], Minard, t. I, 1980; t.II, 1984.

FÉNÉON, FÉLIX.   *Les Impressionnistes en 1886*, Paris, Editions de *La
                   Vogue*, 1886.

———————   *Œuvres plus que complètes*, Textes.réunis et présentés par
                   Joan Halperin, Genève, Droz, 1970, 2 vols.

FLOUPETTE, ADORÉ. [pseudonyme de H. Beauclair et G. Vicaire]*Les
                   Déliquescences, Poèmes décadents d'Adoré Floupette
                   avec sa vie par Marius Tapora*, Introduction et notes par
                   N. Richard, Paris, Nizet, 1984. [Vanier, 1885.]

GHIL, RENÉ.   *Traité du Verbe. Etats successifs (1885-1886-1887-1888-
                   1891-1904)*. Textes présentés, annotés et commentés par
                   T. Goruppi, Paris, Nizet, 1978.

HALPERIN, JOAN U. *Félix Fénéon: Aesthete and Anarchist in Fin-de-Siècle
                   Paris*, New Haven, Yale University Press, 1988.

HURET, JULES.   *Enquête sur l'évolution littéraire*, Paris, Charpentier,
                   1891.

IRESON, J.C.   *L'Oeuvre poétique de Gustave Kahn*, Paris, Nizet, 1962.

JOUANNY, ROBERT.   *Jean Moréas, écrivain français*, Paris, Minard, 1969.

KAHN, GUSTAVE.   *Les Origines du Symbolisme*, Paris, Messein, 1936.

————   *Les Palais nomades*, Paris, Vanier, 1887.

————   *Symbolistes et Décadents*, Paris, Vanier, 1902.

LAFORGUE, JULES.   *Lettres à un ami 1880-1886*, Paris, Mercure de France, 1941.

————   *Œuvres complètes, Edition chronologie intégrale*, Textes établis avec la collaboration de D. Arkell et M. de Couten, Lausanne, L'Age d'Homme, t. I, 1986; t.II, 1995.

LEHMAN, A.G.   *The Symbolist Aesthetic in France 1885-1895*, Oxford, Blackwell, 1950.

LETHÈVE, JEAN.   *Impressionnistes et Symbolistes devant la presse*, Paris, Colin, 1959.

MALLARMÉ, STÉPHANE.   *Œuvres complètes*, Paris, Gallimard/Pléiade, 1945.

MARQUÈSE-POUEY, L.   *Le Mouvement décadent en France*. Presses Universitaires de France, 1986.

MAUCLAIR, CAMILLE.   *Paul Adam. 1862-1920*, Paris, Flammarion, 1922.

MCGUINNESS, PATRICK.   ' "Beaucoup de bruit pour rien": Mallarmé's *Ptyx* and the Symbolist *bric-a-brac*', *Romanic Review*, vol. 86, n.1 (janvier, 1995), 103-13.

MICHAUD, GUY.   *Message poétique du Symbolisme*, Paris, Nizet, 1961.

MORÉAS ET ADAM.   *Le Thé chez Miranda*, Paris, Tresse et Stock, 1886.

————   *Les Demoiselles Goubert*, Paris, Tresse et Stock, 1886.

MORÉAS, JEAN.   *Les Cantilènes*, Paris, Vanier, 1886.

————   *Les Premières armes du Symbolisme*, Paris, Vanier, 1889.

————   *Les Premières armes du Symbolisme*, textes présentés et annotés par Michael Pakenham, *Textes littéraires* VIII, University of Exeter, 1973.

Petit Bottin des Lettres et des Arts , Paris, Giraud, 1886.

PLOWERT, JACQUES.   [Paul Adam]*Petit Glossaire pour servir à l'intelligence des auteurs décadents et symbolistes*, Paris, Vanier, 1888.

POÏCTEVIN, FRANCIS.   *Ludine*, Paris, Tresse et Stock, 1883

———————   *Songes*, Paris, Tresse et Stock, 1884.

———————   *Seuls*, Paris, Tresse et Stock, 1886.

RAYNAUD, ERNEST.   *La Mêlée symboliste*, Paris, Nizet, 1971.

RÉGNIER, HENRI DE.   *Sites*, Paris, Vanier, 1887.

RICHARD, NOËL.   *A l'Aube du Symbolisme*, Paris, Nizet, 1961.

———————   *Le Mouvement Décadent: Dandys, Esthètes et Quintessents*, Paris, Nizet, 1968.

———————   *Profils Symbolistes*, Paris, Nizet, 1978.

RIMBAUD, ARTHUR.   *Œuvres complètes. Correspondance*, Edition présentée et établie par Louis Forestier, Paris, Laffont, 1992.

VANOR, GEORGES.   *L'Art symboliste* [préface de Paul Adam], Paris, Vanier, 1889.

VERLAINE, PAUL.   *Œuvres en prose complètes*, Texte établi, présenté et annoté par Jacques Borel, Paris, Gallimard/Pléiade, 1972.

———————   *Œuvres poétiques*, Textes établis avec chronologie, introductions, notes, choix de variantes et bibliographie, par Jacques Robichez, Paris, Garnier, 1986.

VIELÉ-GRIFFIN, FRANCIS.   *Les Cygnes*, Alcan-Lévy, 1887.

VIGNIER, CHARLES.   'La Suggestion en Art', *Revue contemporaine*, décembre 1886.

———————   *Centon*, Paris, Vanier, 1886.

REVUES

Le Carcan
La Décadence
Le Décadent - Journal
Le Décadent-Revue
Ecrits pour l'Art
Revue contemporaine
Revue moderniste
Revue Wagnérienne
Les Taches d'Encre
Le Symboliste
La Vogue

PAUL ADAM

KAHN

JEAN MORÉAS

FRANCIS VIELÉ-GRIFFIN

STÉPHANE MALLARMÉ

ARTHUR RIMBAUD

PAUL VERLAINE

HENRI DE REGNIER

PETIT GLOSSAIRE

POUR SERVIR

A L'INTELLIGENCE DES

AUTEURS DÉCADENTS

ET

SYMBOLISTES

PAR

Jacques PLOWERT

PUBLIÉ EN OCTOBRE 1888

PAR

VANIER, BIBLIOPOLE

19, QUAI SAINT-MICHEL, 19

PARIS

PRÉFACE

Les très nombreuses et incessantes polémiques que suscitèrent depuis trois ans les manifestations du groupe symboliste rappellent les grandes luttes qui, en ce siècle, signalèrent l'essor du romantisme et du naturalisme.

Sans vouloir préjuger de l'avenir probablement heureux qu'atteindront les efforts de cette littérature neuve, il demeure aujourd'hui indéniable que l'attention du dilettante se doit astreindre à connaître des œuvres si bruyamment discutées.

Or, le plus considérable reproche vise l'étrangeté des termes mis en usage par ces œuvres. On en conclut à une pernicieuse difficulté de lecture pour quiconque n'est point initié au prestige hermétique des vocables.

Aussi semble-t-elle opportune la publication d'un glossaire capable d'aplanir le malentendu et de simplifier l'initiation.

Bien qu'il se garde de prétendre à une nomenclature rigoureusement complète et amplement savante, cet opuscule pourra du moins servir à guider l'esprit hésitant du lecteur novice. Il mentionnera la signification précise de tous les termes rares qu'on ne rencontre point dans les lexiques ordinaires et même celle des mots que délaissent d'habitude les pauvres vocabulaires de nos écrivains en renom.

Sont omis tous les substantifs, adjectifs ou verbes nettement dérivés de radicaux fréquents, par addition d'une désinence usitée.

Au reste, nous avouerons que les véritables néologismes apparaissent peu, que beaucoup de termes cités ici s'alignent dans les colonnes de l'abrégé du dictionnaire Larousse spécialement édité pour les écoles primaires, à la honte des folliculaires qui s'ébahirent à leur aspect.

Ainsi MM. Verlaine et Mallarmé n'employèrent jamais un mot exclu des dictionnaires officiels et leurs noms se trouveront rarement au bas des exemples.

Quant aux formes absolument originales, beaucoup dérivent directement du latin ou du grec, et sont instaurées *suivant les règles admises. D'autres s'effectuent par l'apport des désinences* ance, ure, *appliquées à des vocables connus.*

Ance marque particulièrement une atténuation du sens primitif, qui devient alors moins determiné, *plus vague, et se nuance d'un recul. Ex.:* Lueur, luisance. LUEUR, *c'est l'effet direct d'une flamme,* LUISANCE *sera un reflet de flamme dans un panneau verni, dans la nacre humide de l'oeil, dans le fronci d'une sombre et soyeuse étoffe. etc., la syllabe* ance *produisant l'illusion sonore des dernières vibrations d'une corde harmonique au moment où elle va cesser de bruire. Le mot officiel* ASSONANCE *donne la marque-étalon qui justifie la tentative.*

La désinence ure *indique une sensation très nette, brève; elle diminue en renforçant; elle circonscrit.* Luisure *sera un effet de lueur sur la vitre d'un lampadaire, sur la plaque d'un métal poli, sur l'orbe d'un bouton métallique; elle sera l'éclat brusque du diamant dont une facette concentre subitement les feux du lustre; la syllabe* ure *produisant une sensation d'arête vive, le brusque coup d'archet sur les notes aiguës du violon. Les mots officiels* Egratignure, damassure, striure, brisure, *etc., justifient.*

Enfin, la plupart de ces néologismes consistent simplement à doter de formes actives ou passives les épithètes dépourvues de l'une ou de l'autre; ils créent aussi le verbe qui nantira d'un pouvoir actif l'état marqué par un substantif ou par un adjectif. En un mot, ils font passer les radicaux par toutes les transformations légitimes et adéquates.

Tels sont brièvement les principes généraux suivant lesquels s'effectuent ces mutations.

JACQUES PLOWERT.

ABRÉVIATIONS

Substantif masculin	S.M.
— *féminin*	S.F.
Adjectif.	Adj.
— *verbal*	A.V.
Participe.	P.
Verbe actif.	V.A.
— *neutre.*	V.N.
— *pronominal.*	V.P.
Remarque.	R.
Latin.	L.
Grec.	G.

AUTEURS CITÉS

PAUL ADAM	Prosateur.
MAURICE BARRÈS . . .	Prosateur.
FÉLIX FÉNÉON	Critique.
RENÉ GHIL	Poète.
GUSTAVE KAHN	Poète.
JULES LAFORGUE	Poète.
STÉPHANE MALLARMÉ . . .	Poète.
JEAN MORÉAS	Poète.
FRANCIS POICTEVIN . . .	Prosateur.
HENRI DE RÉGNIER. . . .	Poète.
ARTHUR RIMBAUD. . . .	Poète.
PAUL VERLAINE	Poète.
FRANCIS VIELÉ-GRIFFIN . .	Poète.
CHARLES VIGNIER. . . .	Poète.

PETIT GLOSSAIRE

ABSCONS. Adj. — Difficile à percevoir. L. *absconsus, a, um,* synonyme de *absconditus,* caché (*abscondo*).

> Solitude, froid silence épars dans la verdure, perçu par des sens moins subtils qu'inquiets, vous connûtes les claquements furibonds d'une étoffe, comme si toute la nuit absconse en ses plis en sortait enfin secouée! et les heurts sourds contre la terre du squelette rajeuni, mais l'énergumène n'avait point à vous contempler.
>
> *L'Écclésiastique.*
> STÉPHANE MALLARMÉ.

(Cité par Vittorio Pica dans la *Gazetta Letteraria* de Turin, année X, nᵒ 49.)[1]

Ces absconses pages qu'aucune note explicative ne profane.

> *Revue moderniste,* déc. 1885.
> FÉLIX FÉNÉON.[2]

ABSTRUS. Adj. — Dissimulé. L. *abstrusus, a, um* (*abstrudo*).

> Avant de se recueillir dans l'abstruse fierté que donne une approche de forêt dans son temps d'apothéose ...
>
> *Notes de mon carnet.*
> STÉPHANE MALLARMÉ.

(Cité par Paul Verlaine: *Hommes d'Aujoud'hui.*)[3]

---

1   *Gazetta letteraria,* nᵒ49 (4 décembre 1886). Le poème en prose fut reproduit sous le titre 'Actualité' dans *La Revue Indépendante* d'avril 1888. Voir Mallarmé, *Œuvres complètes* (Paris, Gallimard, 1945), pp. 286-288, et pp. 1560-1561.
2   Cette phrase de Fénéon vient d'un compte rendu non signé de *La Chair* par Oscar Méténier, *Œuvres* t. II, p. 664. Oscar Méténier avait collaboré au *Petit Bottin des Lettres et des Arts* en 1886.
3   La phrase se trouve dans le poème en prose 'La Gloire', *OC.,* p. 288, cité par Paul Verlaine dans le numéro 296 des *Hommes d'Aujourd'hui* (1886) consacré à Mallarmé. Mallarmé le lui envoya, avec sa fameuse lettre autobiographique du 16 novembre 1885. Le poème reparut dans le numéro 4 du 7 avril des *Ecrits pour l'Art.*

ABORTIF. Adj. — Qui fait avorter. L. *abortivus*.

> Sourires abortifs.
> *Chronique du Symboliste.*
> JEAN MORÉAS.[4]

ACAULE. Adj. — Terme de botanique. Qui n'a point de tige. L. *a*, priv. et *caulis*, tige.

> ... Un écrivain acaule.
> *Les Hommes d'Aujourd'hui* (n° 241).[5]
> FÉLIX FÉNÉON.

ACCUL. S.M. — Lieu ou état sans issue.

> Et dans cet accul de pensées elle se débattit sans résultat...
> *Demoiselles Goubert.*
> JEAN MORÉAS et PAUL ADAM.

ACCURVÉ. V.A. — Courbé sur, *dans un sens perpétuel.*

> Et les reflets de ciel, frissons d'appel,
> Accurvés aux psaumes mémorés.
> *Palais nomades.*
> GUSTAVE KAHN.[6]

---

4   *Le Symboliste*, 7-14 octobre, 1886. Cette fameuse première chronique, où Moréas se permet un langage tout aussi travaillé et précieux que dans *Le Thé chez Miranda* et *Les Demoiselles Goubert*, fournit plusieurs mots au glossaire. Par raison d'ordre alphabétique, ce mot devrait débuter le glossaire. Peut-être par peur de lancer le livre avec un vocable si inopportunément suggestif, ou parce que le mot 'Abscons' lui semble plus en mesure de préparer son lecteur, Plowert le place ici en troisième place. Plowert en effet est responsable de quelques erreurs d'ordre alphabétique, qu'il nous a semblé bon de laisser telles qu'elles paraissent dans l'édition de 1888.

5   Signalons qu'à travers le glossaire le numéro 241 des *Hommes d'Aujourd'hui* devrait indiquer en fait le numéro 268 consacré à Moréas. Il en est de même pour le numéro '261' des *Hommes d'Aujourd'hui* cité plus loin (voir 'Allitératif'), qui vient également de l'article sur Moréas. Ces erreurs ne se trouvent pas parmi les 'Erratum' à la fin du livre. Il se peut que Fénéon et Adam désirent brouiller leur piste en donnant l'illusion d'une sélection plus large qu'elle ne l'est, ou bien qu'ils cherchent simplement à mettre leur propre coterie en vedette: en tout cas, l'article sur Moréas alimente le glossaire d'une manière importante. Le texte intégral de l'article paraît dans Fénéon, *Œuvres*, t. II, pp. 605-608.

6   *Les Palais nomades*, recueil de poèmes de Gustave Kahn, parut chez Tresse et Stock en 1887. Voir également le numéro 360 (1890) des *Hommes d'Aujourd'hui* de Fénéon consacré à Kahn (*Œuvres*, t. II, pp. 622-5), ainsi que son compte rendu dans *L'Emancipation sociale de Narbonne* le 22 mai, 1887 (*Œuvres*, t. II, pp. 626-8), et celui de Paul Adam dans *La Vie Moderne*, 14 mai, 1887.

ACESCENT. Adj. — Qui commence à devenir acide. L. *acescens*, *acescere*, devenir acide.

> Exaltations passionelles tôt acescentes et âcres...
>
> *Symboliste*.
> FÉLIX FÉNÉON.[7]

ACUMINANT. Adj. — L. *acumen*, pointe.

> Les acuminantes cimes....
>
> *Palais nomades*.
> GUSTAVE KAHN.

ACUTANGLE. Adj. — Terme de géométrie: dont les angles sont aigus. L. *acutus*, aigu et *angulus*, angle.

> Un roman d'une écriture émaciée, acutangle.
>
> *Les Hommes d'Aujourd'hui* (n° 241).[8]
> FÉLIX FÉNÉON.

ACTIONNER. V.A. — Agir sur, transmettre sa force. En mécanique, une machine à vapeur actionne une scierie.

> La philosophie qui les actionne jamais ne s'offre en une expresse attitude dogmatique.
>
> *Les Hommes d'Aujourd'hui*.(n° 241).[9]
> FÉLIX FÉNÉON.

---

7   Fénéon parle de Rimbaud, dans 'Arthur Rimbaud: *Les Illuminations*', *Le Symboliste*, 7 octobre, 1887 (*Œuvres*, t. II, pp. 572-75). Cet important compte-rendu fournit plusieurs mots au glossaire (voir 'Appéter', 'Labile', 'Lipothymie', 'Novale', 'Nuncupatif', 'Sigillaire'). Grâce à Fénéon, *Les Illuminations* venaient de paraître (en 1886) aux éditions de *La Vogue*, avec un liminaire de Verlaine, responsable également du numéro 318 des *Hommes d'Aujourd'hui* consacré à Rimbaud.

8   Fénéon écrit: 'De Jean Moréas nous aurons, cette année, *Iconostase*, poèmes néphélibates et de théogonies, ainsi que *la Femme maigre*, un roman d'une écriture émaciée, acutangle',*Œuvres*, t. II, p. 608.

9   La phrase mérite qu'on la cite en entier: 'Et la traduction d'âme que sont ces poèmes ne flue jamais en doléances albigineuses, se solidifie, au contraire, en une hautaine résignation; et la philosophie qui les actionne jamais ne s'offre en une expresse attitude dogmatique, – en symboles, oui, et qui sont définitifs.', *Œuvres*, t. II, p. 607.

ADAMANTIN. Adj. — Qui a les qualités du diamant. L. *adamanticus*, de *adamas*, diamant.

> Je veux dès demain partir, m'enquérir par le monde des procédés d'embaumement les plus adamantins.

> *Vogue*, III, 6.
> JULES LAFORGUE.[10]

ADAMIQUE. Adj. — D'Adam; par extension: pur, innocent.

> ... Expression d'un ravissement presque adamique à propos d'un bonheur modeste ...

> *Les Hommes d'Aujourd'hui* (n° 246).[11]
> PAUL VERLAINE.

AGIS. S.M. — Abréviatif d'agissement.

> ... Plus innocent des âgis [sic.] actuels que l'enfant non encore né.

> *Les Hommes d'Aujourd'hui* (n° 274).[12]
> PAUL VERLAINE.

AGNEL. S.M. — Jeune agneau. Mot ancien.

> Le prêtre vénérable prostré en prières; les moires de la chasuble miroitent, et l'agnel d'or, au centre, brodé.

> *Demoiselles Goubert.*

---

10   *Hamlet ou les suites de la piété filiale*, *Œuvres complètes, Edition chronologie intégrale*, t. II, p. 391. *Hamlet* parut dans *La Vogue* de novembre-décembre 1886 (voir la présentation de Pierre-Olivier Walzer des *Moralités légendaires*, *OC*., t. II, p. 365).

11   Verlaine, parlant de lui-même, dans le numéro 244 des *Hommes d'Aujourd'hui*. Le texte complet, dans la première et la seconde version, est repris dans Verlaine, *Œuvres en prose complètes* (Gallimard, Pléiade, 1972), pp. 765-770. C'est un texte fort important pour ce glossaire, vu que Verlaine y parle longuement de ses 'disciples', de son 'école' (en niant qu'elle existe) et des récentes manifestations littéraires: 'Quant à la queue, symbolique je suppose, dont l'artiste [Emile Cohl] a orné le bas de son dos et qui porte inscrit le mot *décadence*, il se défend avec énergie de posséder, fût-ce au moral, un appendice aussi satanique, surtout avec un tel exergue autour. Il sait bien qu'on lui attribue une *école*. Une école, a lui Verlaine! Une école qui se proclamerait elle-même *décadente*.'

12   Le numéro consacré à Edmond de Goncourt. Dans la version des *Hommes d'Aujourd'hui* le mot 'âgis' est donné comme 'âges' (Verlaine, *Œuvres en prose*, p. 777).

AGNOSTICISME. S.M. — Manque de méditation subtile sur un sujet liturgique.

... Et la lune elle-même, ce tournesol aplati, desséché, à force d'agnosticisme.

Vogue, I, 6.
JULES LAFORGUE. [13]

AHEURTÉ. P. et Adj. — Qui se heurte à...

... Soudainement apparues, aheurtées en des chocs aux répercussions radiantes.

Symboliste, I.
FÉLIX FÉNÉON. [14]

AIGUE. S.F. — L. *agua*, eau. Nom de quelques variétés d'émeraude commune ou de béryl.

O ces yeux verts rêvant, ces aigues inhumaines.

Centon.
CH. VIGNIER. [15]

ALBE. Adj. — L. *albus*, blanc pur.

L'andante qui finit pare l'albe de l'Eve.

Palais nomades.
GUSTAVE KAHN.

---

13 *Salomé, OC* t. II, p. 439. Voir aussi 'L'Aquarium', dédié à Gustave Kahn, et que Laforgue utilisa pour étoffer *Salomé* (*OC.*, pp. 500-503). 'L'Aquarium' parut séparément dans *La Vogue*, 29 mai 1886.
14 Fénéon parle des *Illuminations* de Rimbaud.
15 *Centon*, recueil de poèmes de Charles Vignier, parut chez Vanier en 1886. Voir également le numéro 300 (1887) des *Hommes d'Aujourd'hui* de Fénéon consacré à Vignier (*Œuvres*, t. II, pp. 609-12). Cité plus loin en glose du mot 'Lacustre'. Vignier est responsable d'un important essai d'esthétique 'Symboliste', 'La Suggestion en Art', *Revue contemporaine*, décembre 1886.

ALBUGINEUX. Adj. — Terme d'anatomie, blanchâtre. L. *albugo*, petites taches blanches de l'œil.

... La traduction d'âme que sont ces poëmes ne flue jamais en doléances albugineuses.

Les Hommes d'Aujourd'hui (n° 241).
FÉLIX FÉNÉON.

ALGIDE. Adj. — Qui fait éprouver des sensations de froid. L. *algidus*.

Au contact algide d'un pommeau de baïonnette...

Le Thé chez Miranda.
PAUL ADAM.[16]

Un chatouillement, une secousse algide glissa par tous les membres de la jeune fille.

Soi.
PAUL ADAM.[17]

ALLANCE. S.F. — Du participe allant (aucun substantif autre n'indiquant l'acte d'aller).

De leur allance aux paradis
Par les sereines litanies
Les pas s'en sont ,allés...

Palais nomades.
GUSTAVE KAHN.

ALLITÉRATIF. — Forme adjective d'allitération.

... Où des assonances allitératives jettent de spécieux appels.

Les Hommes d'Aujourd'hui (n° 261).[18]
FÉLIX FÉNÉON.

---

16   Tresse et Stock, juillet 1886.
17   Tresse et Stock, mai 1886.
18   Encore une fois, c'est du numéro consacré à Moréas que provient cette phrase.

ALVIN. Adj. — Qui a rapport au bas-ventre.

> Car la seule digne histoire du sang et du rêve, n'est-ce pas de l'initial
> Tressaillement du prime plasma qui veut sentir à l'extase de l'homme
> génial, de la dualité alvine et idéale qui...

> *Traité du Verbe.*
> RENÉ GHIL.[19]

AMÈNE. — Adj. — L. *amœnus*, agréable.

Plein d'une bienveillance amène.

> *Fêtes galantes.*
> PAUL VERLAINE.[20]

Près de la lune amène.

> *Palais nomades.*
> GUSTAVE KAHN.

AMORPHE. Adj. — Qui n'a pas de forme déterminée (formé de deux mots grecs).

> ... Où de l'horizon se lève l'énorme masse amorphe des nues basses.

> *Les Impressionnistes*, 1886.
> FÉLIX FÉNÉON.[21]

AMPHICURTE. Adj. — Courbé de deux côtés.

Cauquemarres séculiers épris d'orbes amphicurtes.

> *Chronique du Symboliste.*
> JEAN MORÉAS.

---

19 Le *Traité du Verbe*, avec le fameux avant-dire de Mallarmé, parut pour la première fois chez Giraud en 1886. A consulter: *Traité du Verbe, Etats successifs (1885-1886-1887-1888-1891-1904)*. Textes présentés, annotés, commentés par Tiziana Goruppi, Paris, Nizet, 1978.
20 Chez Alphonse Lemerre, 1869. Une deuxième édition parut chez Vanier en 1886.
21 Fénéon parle du peintre Armand Guillaumin, *Œuvres*, t. I, p. 33. *Les Impressionnistes en 1886* parurent d'abord dans *La Vogue* en juin et juillet 1886, et ensuite en plaquette de 43 pages aux éditions de *La Vogue* en octobre 1886. La plaquette est un remaniement des deux articles de *La Vogue*, avec quelques phrases de 'L'Impressionnisme aux Tuileries', publié dans *L'Art moderne* de Bruxelles le 19 septembre 1886. Joan U. Halperin fournit plusieurs pages de variantes dans *Œuvres* (t. I, pp. 46-52). Plowert utilise plusieurs phrases qui paraissent dans les articles et non dans le texte définitif.

ANACAMPSÉROTE. S.F. — Herbe qui rallume l'amour éteint.

> L'Anacampsérote au suc vermeil
> Est éclose au cœur las panacée.
>
> *Cantilènes.*
> JEAN MORÉAS.[22]

ANDROIDE. S.M. — Automate.

> Comme d'un geste d'androïde.
> *Les Demoiselles Goubert.*

ANGELUSER. V.N. — Forme verbale d'angélus.

> Le long d'un ciel crépusculâtre
> Une cloche angéluse en paix.
>
> *Complaintes.*
> JULES LAFORGUE.[23]

ANGULER. (S') V.N. — Prendre une direction angulaire.

> La double file des demeures à balcon s'angulait vers les touffes vertes des Tuileries jusque la silhouette équestre de la Pucelle élevant son oriflamme de bronze.
>
> *Demoiselles Goubert.*

ANOMALIFLORE. Adj. — Formé de floraison anomalisée.

> Hélas! m'esquinter, sans trève, encore,
> Mon encéphale anomaliflore
> En floraison de chair aux guirlandes d'ennuis!
>
> *Imitation de N.D. la Lune.*
> JULES LAFORGUE.[24]

---

22 Chez Vanier, 1886.
23 'Complainte des débats mélancoliques et littéraires' (*OC*., t. I, p. 613), citée dans l'article de Fénéon, 'Les Poèmes de Jules Laforgue'.
24 'Avis, je vous prie', *OC*., t. II, p. 113. *L'Imitation de Notre-Dame la lune* venait de paraître chez Vanier en 1886 (voir la présentation du texte de P-O Walzer, pp. 57-66).

AOUTÉ. Adj. — Trop mûri.

Les donzelles aux corsages aoutés spirent au travers des pailles la frigidité des liqueurs.

Les Demoiselles Goubert.
JEAN MORÉAS et PAUL ADAM.

APEURER. V.A. — Forme verbale du mot peur.

Le silence est monté lentement, il apeure
Les bruits familiers du vague pérennel.

Palais nomades.
GUSTAVE KAHN.

APPALI. Adj. — Rendu pâle.

Les souvenirs glissent au bleuâtre lointain, si frêles,
appalis, mélancoliques.

Les Palais nomades.
GUSTAVE KAHN.

APPARIER. V.A. — Mettre par paire, par couple.

Les jours appariés qui bruissent à son entour.

L'Art moderne.
FÉLIX FÉNÉON.

APPÉTER. V.A. — L. *Appetere*, de *ad*, et *petere*, demander.

Il appète une vie végétative.

Symboliste, I.
FÉLIX FÉNÉON.[25]

---

25 Fénéon profite de l'occasion pour lancer une véritable tirade de *fénéonismes*: 'Une lypothimie le prostre. Il appète une vie végétative: quelques silhouettes d'êtres humbles errent, des jardinets de banlieues bruxelloises fleurissent, pâlement nuancés, dans une tristesse dolente. A la primitive prose souple, musclée et coloriée se sont substituées de labiles chansons murmurées, mourant en une vague de sommeil commençant, balbutiant en un bénin gâtisme, ou qui piaulent' 'Arthur Rimbaud', *Œuvres*, t. II., p. 575.

APTÈRE. Adj. — Sans ailes, formé de deux mots grecs. G. *a*, privatif et *pteron*, aile.

Ce soin de présenter son œuvre intégrale explique la présence là de quelques pages aptères, commentées par leur millésime.

Revue moderniste, déc. 1885.
FÉLIX FÉNÉON.[26]

APRILIN. Adj. — D'avril, printanier. L *Aprilis*.

Les flûtes aprilines.
Traité du Verbe.
RENÉ GHIL.

APYRE. Adj. — Qui est inaltérable et surtout impressible au feu. G: *a* privatif et *pûr*, feu.

C'est dans le boueux étalage de ces études d'argot que fulgure l'apyre joyau étiqueté "En famille".

Revue moderniste, déc. 1885.
FÉLIX FÉNÉON.[27]

ARDRE V.A. — Brûler. Mot ancien.

Comment fut arse Jehanne de la Lorraine.

(Titre d'une chronique du XVIe siècle.)

Ainsi qu'une chienne en folie un rut bestial l'avait arse.

Soi.
PAUL ADAM.

ARGÉMONE. S.F. Plante de la famille des pavots.

O que lourds vos sommeils, morbides argémones!

Centon.
CH. VIGNIER.

26   Article non-signé de Fénéon, sur *L'Humanité* de Fabre des Essarts, *Œuvres*, t. II, p. 665.
27   Compte rendu de *La Chair* par Oscar Méténier, *Œuvres*, t. II., p. 664.

ARMATURE. S.F. — Assemblage de pièces de métal pour soutenir ou contenir un ouvrage de maçonnerie, de charpente, etc.

> Par moments, sous le tissu plus léger de métaphores une armature d'analyse transparaît, semble-t-il.
>
> *Art moderne*, 1887.
> FÉLIX FÉNÉON.

ASCÉTISER. V.A. — Rendre ascète, formé du grec *àskéô* exercer.

> L'amour, l'amour qu'on rêve ascétise et fornique.
>
> *Imitation de N.-D. la Lune*.
> JULES LAFORGUE.[28]

ASSUMER. V.A. — Prendre sur moi, ou pour moi (*assumere*, de *ad*, à, et *sumere*, prendre).

> Elles assument des contours géométriques.
>
> *L'Art moderne*.
> F. FÉNÉON.[29]

> Dites, venez, m'assumer, vous ne vous en mordrez certainement pas les doigts.
>
> *Vogue*, II, I.
> J. LAFORGUE.[30]

> Mais pour Ruth, l'infortunée et typique héroïne que j'ai assumée.
>
> *Vogue*, III, 4.
> J. LAFORGUE.[31]

---

28   'Nobles et touchantes divagations', *OC.*, t. II, p107, où la phrase paraît ainsi: 'L'amour, l'amour qui rêve, ascétise et fornique'.
29   'L'Impressionnisme aux Tuileries', *Œuvres*, t. I, p. 56, où Fénéon parle de Seurat.
30   *Lohengrin, fils de Parsifal*, *OC.*, t. II, p. 419. *Lohengrin* parut dans *La Vogue* en juillet-août 1886.
31   *Le Miracle des Roses*, *OC.*, t. II, p. 410.

ASYMÉTRIQUE. Adj. — Qui manque de symétrie.

... Tandis que de vaillants sourires distendent encore l'asymétrique sourire d'une bouche lippue.

Les Hommes d'Aujourd'hui (n⁰ 308).[32]
FÉLIX FÉNÉON.

ATTENTIONNER. V.A. — Fixer l'attention.

Puis la figure angoissée de M. Freysse l'attentionne.

Demoiselles Goubert.

ATTÉNUANCE. S.F. — Diminutif de atténuation par le suffixe *ance*.

L'atténuance lente de son activité...

Soi.
PAUL ADAM.

ATTIRANCE. S.F. — Séduction magnétique.

Il proteste que seule une attirance mystérieuse et invincible l'attache à elle.

Le Thé chez Miranda
PAUL ADAM.

AUBADER. V.A. — Donner l'aubade.

Certes dès qu'aux rideaux aubadent tes fanfares.

Complaintes.
JULES LAFORGUE.[33]

---

32   Article intitulé 'Jules Christophe et Anatole Cerfberr: le Répertoire de *La Comédie humaine* de H. de Balzac, par MM. Anatole Cerfberr et Jules Christophe', *Œuvres*, t. II. pp. 616-619.
33   'Complainte des condoléances au soleil', *OC.*, t. I., p. 600.

AUBER. V.A. — Donner une teinte d'aube.

Et sur son front tout au baptême
Aube déjà l'air ingénu.

Complaintes.
JULES LAFORGUE.[34]

AURIFLU. Adj. — Qui écoule de l'or.

Et Marceline percevait ce torse épais, un instant, parmi les lanternes
auriflues des voitures.

Demoiselles Goubert.

AUTHENTIQUER. V.A. — Revêtir d'un caractère irréfragable et solennel.

Authentiquons, par cette embrassade étroite, devant la multitude siégeant
à cette fin, le pacte de notre réconciliation.

Le Spectacle interrompu.
STÉPHANE MALLARMÉ.[35]

Comme authentiquée du sceau d'une époque suprême et neutre.

Notes sur le Théâtre (Rev. Indép.).
STÉPHANE MALLARMÉ.[36]

AVEULIR. V.A. Rendre veule.

... Au lieu de préparer sur la palette la valeur d'un morceau ou un bon
mélange où s'aveuliraient les couleurs, ils les trouvent sur la toile par
l'action...

Les Hommes d'Aujourd'hui (n° 241).
FÉLIX FÉNÉON.

---

34   'Complainte des noces de Pierrot', *OC.*, t. I, p. 588.

35   'Un Spectacle interrompu', poème en prose de Mallarmé, fut publié pour la première fois dans *La République des Lettres* du 20 décembre 1875, et repris dans *Le Scapin* du 1er septembre. Voir Mallarmé, *O.C.*, pp. 276-8.

36   Mallarmé, critique de théâtre pour *La Revue indépendante*, rassemblera ses propos sur le théâtre ('Notes sur le Théâtre'), ainsi que plusieurs articles sur la danse, sous le titre 'Crayonné au Théâtre' (*O.C.*, pp. 293-351). *La Revue indépendante* fut fondée par Fénéon en 1884, et relancée par Édouard Dujardin en novembre 1886. C'est par amitié pour Dujardin que Mallarmé consent à se faire critique de théâtre à partir du numéro d'avril 1887, afin de mener sa 'campagne dramatique' (*O.C.*, pp. 1561-2).

AZYME. S.M. — Sans levain, — consacré; substance choisie.

S'énamourent les purs azymes de l'âme...

Palais nomades.
GUSTAVE KAHN.

BAILLET. Adj. — Cheval, ayant une tache au front.

Et le beau varlet Constant chevauchait un cheval baillet...

L'Empereur Constant (Rev. Indép.).[37]
JEAN MORÉAS

BALSAMYRRHÉ. Adj. — Imprégné de baume et de myrrhe.

Et des plic-ploc [sic.] solitaires d'opalins jets d'eau balsamyrrhée.

Vogue, II.
JULES LAFORGUE.[38]

BARDOCUCULÉ. Adj. — Le bardocucule était une cape ou manteau garni d'un coqueluchon.

Des femmes folles de leurs corps, en faille bardocuculées.

Chronique du Symboliste.
JEAN MORÉAS.[39]

BASTARDE. S.F. — Espée bastarde, c'était celle qui pouvait servir à une main et à deux.

A coups de hache, à coups de bastarde
Rompre des targes et des casques.

Lais.
JEAN MORÉAS.[40]

---

37   Adaptation publiée dans *La Revue indépendante*, juillet, 1887.
38   *Lohengrin*, *OC.*, t. II p. 423. Dans la version de *OC* on lira 'pic-ploc'.
39   Ce mot fut parmi ceux qu'Anatole France critiqua dans sa réponse au 'Manifeste' de Moréas. Voir *Les Premières armes du Symbolisme*, où Moréas défend *bardocucule* comme 'vestiture nationale, que diable!' (p. 8).
40   *La Vogue*, 15 novembre, 1886. Le poème fut repris et remanié dans *Le Pèlerin passionné* (Vanier, 1891).

BÉHÉMOT. S.M. — Animal fantastique dont il est parlé au livre de Job.

Les tramways se ruent, béhémots aux prunelles incandescentes.

Demoiselles Goubert.

BEYLISME. S.M. — Manière de penser de Stendhal. (*Etymologie*, HENRI BEYLE.)

Pour offrir à son fils un joli déjeuner et quelques maximes de beylisme.

Revue moderniste.
FÉLIX FÉNÉON.[41]

BIBERONNER. V.A. — Sucer comme un biberon.

Ainsi le Tétrarque biberonnant son houka, l'air vacant.

Vogue, I.
JULES LAFORGUE.[42]

BIBLIOPOLE. S.M. — Marchand de livres. G. *Bibliopôlès*.

Léon Vanier, bibliopole des Symbolistes et des décadents.

(*Affiches*.)[43]

BIGLE. Adj. — Qui louche.

Calvite, bigle camard, une malebosse au front, Nicolas Genès.

Demoiselles Goubert.

BIZARRANT. Adj. — Qui rend bizarre la perception.

Lampe des mers! blancs bizarrants! mots à vertiges!

Complaintes.
JULES LAFORGUE.[44]

---

41   Compte-rendu de *La Mauvaise Aventure* de Camille de Sainte-Croix, *La Revue moderniste*, 1er février, 1886. Voir Fénéon, *Œuvres*, t. II, p. 666.
42   *Salomé, OC.*, t. II, p. 435.
43   Voir le numéro 320 (1888) des *Hommes d'Aujourd'hui* consacré à Vanier avec texte de Verlaine.
44   'Complainte à Notre-Dame des soirs', *OC.*, t. I., p. 551.

BLEUTER. V.A. — Teindre en bleu clair.

Une blafardise bleutée tombe de la coupole firmamentale.

Soi.
PAUL ADAM.

Et le ciel s'élève avec des courbes immenses de palmes, et des teintes citrines qui montent, qui montent et se nacrent de blanc, et se bleutent, se bleutent comme un ruban de blonde.

Miranda.
PAUL ADAM.

BRASILLER. V.N. Avoir l'éclat d'un brasier.

Et le lac, à son milieu, brasille.

Songes.
FRANCIS POICTEVIN. [45]

BRELANDIER. S.M. — Habitué de tripots.

Des élégances équivoques de brelandier.

Demoiselles Goubert.

BUÉE. S.F. — Vapeur qui se dégage.

C'est l'hiémale nuit et ses buées et leurs doux comas.

Thé chez Miranda.
JEAN MORÉAS.

CADRER. V.A. — Sertir comme d'un cadre.

La trouée lumineuse du boulevard cadrait les omnibus cahotants.

Soi.
PAUL ADAM.

---

45   Tresse et Stock, 1884.

CALDONIE. S.F. — Pierre précieuse.

> Les diaspes et les caldonies
> Dardent sur mes tresses infinies.
>
> *Cantilènes.*
> JEAN MORÉAS.

CALLIPÉDIQUE. Adj. — Qui concerne la procréation systématique de beaux enfants. G. *Kallipaidia*, de *Kallos*, beauté et *païs*, enfant.

> *Vogue*, I.
> JULES LAFORGUE.[46]

CALLIPYGE. Adj. — Qui a de belles fesses. G. *Kallos*, beauté et *pugé*, fesse.

> Quelques artichauts callipyges.
>
> *Vogue*, I.
> JULES LAFORGUE.[47]

CAMALDULE. S.M. — Religieux d'un ordre monastique fondé par saint Romuald; costume blanc.

> Là Hamlet... ferait plutôt l'effet d'un camaldule que d'un prince héritier du Danemark.
>
> *Vogue*, III.
> JULES LAFORGUE.[48]

CANTILÈNE. S.F. — Petite romance courte et monotone.

> Le filet d'une cantilène inoubliablement, infortunée, stérile.
>
> *Vogue*, I.
> JULES LAFORGUE.[49]

---

46   *Salomé, OC.,* t. II, p. 439. Bien que Plowert ne fournisse aucun exemple du mot 'Callipédique', il paraît dans ce contexte: 'Et l'on enfila prestement et discrètement le corridor central des Gynécées, peint de scènes callipédiques, d'une mélancolie pourrie d'aromates féminins'.

47   *Salomé, OC.,* t. II., p. 436.

48   Voir l'article sur Laforgue de Fénéon, où ce dernier cite l'extrait où paraît cette phrase en disant: 'Laforgue se dépeignait assez exactement dans ce portrait du prince Hamlet'.

49   *Salomé, OC.,* t. II, p. 439.

CAPELAN. S.M. — Prêtre pauvre ou cagot duquel on parle avec mépris.

Le garçon — gros, brun, les sourcils hérissés sur une face glabre de capelan — accourut.

Demoiselles Goubert.

CAPUCE. S.M. — Étroit capuchon.

Cassandre sous son capuce.

Fêtes galantes.
PAUL VERLAINE.

CARONCULÉ. Adj. — Qui est muni de caroncules, petites éminences, excroissances. L. *caruncula*, diminutif de *caro*, chair.

... Franc comme les cimes, le front caronculé de foi.

Vogue, II.
JULES LAFORGUE. [50]

CAUQUEMARRE. S.M. — Incube, moine lubrique.

Cauquemarres séculiers, épris d'orbes amphicurtes.

Chronique du Symboliste
JEAN MORÉAS.

CAVER. (SE). V. PR. — Devenir cave.

Ourlet blanc de la mer; il croît, bave, se cave et puis croule.

Demoiselles Goubert.

---

[50] *Lohengrin*, *OC.*, t. II, p. 419. Fénéon reprend le mot dans son article sur Laforgue: 'Jules Laforgue n'est pas seulement ce poète exquis et novateur: son original talent et son âme charmante se sont manifestés en des nouvelles qui alternativement se voilent dolentes et se caronculent de gaîtés claires.', *Œuvres*, t. II., p. 588.

CÉRULÉ. Adj. — De *ceruleus*, forme abréviative de céruléen.

> Les Atlantides, les Thulés,
> Par là-bas, vagues cérulées,
> Vous les gardez aux envolées
> Des goëlands ...
>
> *Palais nomades.*
> GUSTAVE KAHN.

CHAMPLEVÉ. Adj. — Du verbe champlever, pratiquer une rainure sur une plaque de métal pour retenir l'émail.

> C'est un émail champlevé d'un goût barbare et futur.
>
> *Vogue*, III.
> JULES LAFORGUE.

CHEVROTANCE. S.F. — Formé de chevroter.

> Des notes moutonneuses qui bruissent avec des chevrotances cristallines.
>
> *Soi.*
> PAUL ADAM.

CHIFFE. S.F. — Loque, abréviation argotique de chiffon.

> Chiffe et feuille morte ta déesse d'idolâtre.
>
> *Palais nomades.*
> GUSTAVE KAHN.

CILLER. V.A. — Battre des cils.

> Il s'efforce de s'y dérober et cille vers les murs.
>
> *La Glèbe.*
> PAUL ADAM.[51]

CIRCUITANT. Adj. — Qui est en circuits.

> Le Colisée... l'intérieur circuitant s'évase de gradins en gradins, bâille comme une gueule.
>
> *Soi.*
> PAUL ADAM.

---

51   *La Glèbe*, roman de Paul Adam, parut chez Tresse et Stock en 1887.

CIRCULANT. — Adj. — Employé substantivement.

Le fracas uniforme des circulants bruissait sous les platanes.

Soi.
PAUL ADAM.

CITOLES. S.F. — Instrument de musique.

Et les citoles des jongleurs sonnaient dans l'air.

Cantilènes.
JEAN MORÉAS.

CITRIN. Adj. — Qui a la nuance de citron.

Plus loin le quadrige de l'Arc triomphal galope tumultueusement dans les dégradations citrines du couchant éteint.

Demoiselles Goubert.

CLANCHE. S.F. — Partie du loquet qui tient la porte fermée.

Vient-on pas de tourner la clanche?

Imitation.
JULES LAFORGUE.

CLANGORER. V.N. — Sonner, résonner.

Là-bas, pardessus les toits ardoisés, l'orchestre du casino clangore.

Thé chez Miranda.
JEAN MORÉAS.

CLAPIE. P.P. — Du verbe CLAPIR (SE); blotti comme dans un clapier.

La tendance à rester clapie longtemps dans la même attitude (en parlant d'une femme).

Le Thé chez Miranda.
PAUL ADAM.

CLAPISSEMENT. S.M. — Déformation de clapotement.

> Le grand clapissement des averses toute la nuit.
>
> *La Vogue.*
> J. LAFORGUE.[52]

CLARTEUX. — Forme adjective du mot CLARTÉ.

> O terrible frisson des amours novices sur le sol sanglant et par l'hydrogène clarteux.
>
> *Les Illuminations.*
> A. RIMBAUD.[53]

CLOPER. V.N. — Aller clopin clopant.

> Des fiacres se précipitent comme en aval, des fiacres clopent comme en amont.
>
> *Demoiselles Goubert.*

COLLIGER. V.A. — Réunir, assembler par triage. L. *colligere* (même sens).

> ... Les pays levantins où cet homme colligeait des tapis anciens et des soies lamées.
>
> *Demoiselles Goubert.*

COLLUSOIRE. Adj. Qui est fait par collusion. Une collusion en langage juridique est une entente entre des parties qui, en apparences et afin de leurrer, sont ennemies. L. *Collusorius*, de *colludere*, *cum*, avec et *ludere*, jouer.

> Il aime à livrer des figures aux débats de collusoires lumières.
>
> *Vogue*, I.
> FÉLIX FÉNÉON.[54]

---

52   '[Oh! qu'une, d'Elle-même]', 'Les Amours', *OC.*, t. II., p. 327 (*La Vogue*, 6-13 décembre 1886). La pièce parut sous le titre 'Les Amours', et constitue maintenant le numéro IX des *Derniers vers*. Ces poèmes parurent dans *La Vogue* avant d'être recueillis par Fénéon et Dujardin en 1890 sous le titre *Derniers vers*.

53   Cité par Fénéon dans 'Arthur Rimbaud: *Les Illuminations*'. Fénéon cite la phrase de Rimbaud et commente: 'des mots [qui] se massent chaotiquement et derrière eux se creusent des espaces d'abîme.'

54   *Les Impressionnistes*, *Œuvres*, t. I, p. 51. La phrase provient d'une partie de l'article supprimé dans le texte définitif, où Fénéon parle de Paul-Albert Besnard.

COMA. S.M. — Torpeur.

C'est l'hiémale nuit et ses buées et leurs doux comas.

Thé chez Miranda
JEAN MORÉAS.

COMATEUX. S.F. — Gâteux au sens provisoire.

De comateux bavardages dus à des bas-bleus probablement calvinistes.

Revue Indépendante.
FÉLIX FÉNÉON.

COMBE. S.F. — Petite vallée profonde.

Mélancolique le son félé de sa cloche contre les échos des combes se brise.

Thé chez Miranda.
JEAN MORÉAS.

CONJUGUER. V.A. — Mettre en corrélation. L. *conjugare*, de *cum* et *jugum*, joug.

Un compliqué et rythmique tracé où se conjuguent étroitement à celles de la jambe et du pied les sinuosités de l'aisselle, du sein et de la hanche.

Les Impressionnistes.
FÉLIX FÉNÉON.

CONVIVIAL. — Forme adjective de Convive.

Ce mot n'obsède pas d'un remords le passant en train de boire à ta conviviale fontaine. (*Richard Wagner,* Rev. Wagnérienne, t. VII.)

STÉPHANE MALLARMÉ.[55]

CONVOLUTANT. — Forme adjective de volute, le préfixe (*cum*) indiquant l'accord.

Et l'écharpe convolutante aux nuées orfévrées.

Palais nomades.
GUSTAVE KAHN.

---

55 *La Revue Wagnérienne*, dirigée par Edouard Dujardin et Teodor de Wyzewa, publia l'article dans le numéro du 8 août 1885.

CORUSCANT. Adj. — De *corusco*, trembler; *coruscans*, agité, tremblant, d'où le mot exprimant des lueurs mobiles sur objet brillant.

Les étriers coruscants jetés dans la poussière.

La Belle au château rêvant.
GUSTAVE KAHN.

CORYMBE. S.M. — Assemblage de fleurs ou de fruits qui, bien que les rameaux ou pédoncules naissent de divers points de la tige, s'élèvent au même niveau. L. *corymbus*, de *Korumbos*, extrémité terminale.

Une adolescente mûrissante s'érigeant parmi des tiges de spirées dont les corymbes remuent sur son bassin.

Vogue, I.
FÉLIX FÉNÉON.[56]

COUETTE. S.F. — Matelas.

Sur la couette, par l'évêque bénite.

Cantilènes.
JEAN MORÉAS.

COULPE. S.F. — Péché. L. *culpa*.

Où dansent les coulpes en toquets de grelots.

Cantilènes.
JEAN MORÉAS.

CROTALE. S.F. — De *crotalum*, sorte de castagnettes.

Au cliquetis de mes crotales.

Palais nomades.
GUSTAVE KAHN.

---

56   *Les Impressionnistes*, *Œuvres*, t. I, p. 51.

CUBER. V.A. — Élever à la troisième puissance.

... Cet esprit triplé et décuplé et cubé.

Les Hommes d'Aujourd'hui (n° 243).[57]

CRUOR. S.M. — Caillot de sang. L. *cruor*, sang.

Hôpitaux consacrés aux cruors et aux fanges.

Imitation.
JULES LAFORGUE.[58]

CUCURBITANT. Adj. — Qui prend un aspect de citrouille. L. *cucurbita*, courge.

Des femmes emplissent de leur accroupissement cucurbitant la coque des tubs.

Les Impressionnistes en 1886.
FÉLIX FÉNÉON.[59]

CUIVRURE. S.F. — Effet de cuivre.

Des cuivrures mystérieusement brillaient.

Soi.
PAUL ADAM.

R. *Formé de cuivre, comme* dorure, ferrure *sont formées de* or, fer etc., *la désinence* ure *indiquant l'effet.*

CULMINER. V.N. — Être au sommet, dominer, L. *culmen*, faîte.

A l'intense l'une des flambois électriques, d'autres plus effacées encore dans les nacrures des fards, les indécisions des soies et les blonds des teintures, culminent aux bars.

Demoiselles Goubert.

---

57   Texte de Verlaine (*Œuvres en prose*, pp. 762-5), numéro consacré à François Coppée.
58   'Les Linges, le Cygne', *OC.*, t. II, pp. 105-6.
59   Fénéon parle de Degas (*Œuvres*, t. I., p. 30),

CURSIF. Adj. — Qui a un caractère de rapidité. L. *currere*, courir.

Un écrivain net, nerveux et cursif.

Vogue, II.

FÉLIX FÉNÉON.[60]

DAMAS. S.M. — Étoffe brochée.

... Et les atroces fleurs qu'on appellerait cœurs et sœurs, damas damnant de langueur.

Les Illuminations.
A. RIMBAUD.

DÉCADENT. S.M. — Employé volontiers par Gautier, Flaubert et Goncourt dans le sens de raffinement littéraire.
Les Déliquescences d'Adoré Floupette poète décadent, parodie (85).[61] *Le Décadent*, journal (86 et 88)[62]. *L'Ecole décadente*, brochure (87).[63]
C'est dans les *Taches d'Encre* de Maurice Barrès (Déc. 84) que DÉCADENT qualifia pour la première fois le groupe littéraire par lequel on désignait: Verlaine, Mallarmé, Huysmans, augmenté depuis de Moréas, Laforgue, Vignier, Adam, Fénéon, etc.[64]

Ni le travaillé, le voulu de Mallarné [sic.], ni le tact et l'infinie nuance de l'œuvre de Paul Verlaine ne possèdent le public. Mais le flot qui les porte avance chaque jour.

---

60 '*La Grâce*. Par Oscar Méténier', *Œuvres*, t. II, p. 681. Fénéon écrit sous un pseudonyme, 'Gil de Bache'.

61 Adoré Floupette (pseudonyme de Henri Beauclair et Gabriel Vicaire), *Les Déliquescences. Poèmes décadents, d'Adoré Floupette, avec sa vie par Marius Tapora*, publié chez 'Lion Vanné' à 'Byzance' en 1885. Voir aussi l'édition moderne avec introduction et notes par N. Richard (Paris: Nizet, 1984).

62 Anatole Baju fonda *Le Décadent-Journal* en 1886 (*Le Décadent littéraire et artistique*, journal hebdomadaire) et le relança en 1887 sous le titre *Le Décadent-Revue* (*Revue littéraire bimensuelle*). Il existait aussi à l'époque *La Décadence artistique et littéraire*, dirigée par E-G Raymond et René Ghil, qui ne dura que trois numéros du 1er au 15 octobre 1886. Il y a lieu d'être désorienté, comme beaucoup le furent, parmi cette mêlée de revues rivales prétendues 'décadentes' - la meilleure façon d'y voir plus clair est de consulter deux ouvrages de référence de Noël Richard: *Le Mouvement Décadent. Dandys, Esthètes et Quintessents* (Paris: Nizet, 1968) et *Profils Symbolistes* (Paris:, Nizet, 1978). Le premier, en particulier, trace l'histoire des appartenances littéraires, de l'étiquette 'décadente', et du rôle d'Anatole Baju dans la littérature de cette fin de siècle. Voir aussi, sur Baju, le numéro 332 des *Hommes d'Aujourd'hui*, texte de Paul Verlaine.

63 C'est également de la plume de Baju que vient, en juillet 1887, *L'Ecole décadente*, suivie en novembre par *La Vérité sur l'Ecole décadente*.

64 *Les Taches d'Encre*, dirigées et redigées par Maurice Barrès, durèrent quatre numéros entre novembre 1884 et février 1885. Voir le portrait de Barrès par Moréas, *Les Hommes d'Aujourd'hui*, numéro 340 (1888).

Ils ont apporté leurs inquiétudes, leurs perversions douloureuses dans la critique, dans l'étude de la société contemporaine. Ils se complaisent dans le rare et poussent l'amour de l'unique jusqu'au culte du décadent.
M.BARRÈS.

L'origine du mouvement littéraire remonte à l'apparition des *Poètes maudits* de Paul Verlaine (fév. 84) où il est dit dans la préface:

A bien y regarder pourtant, de même que les vers de ces chers Maudits sont très posément écrits, de même leurs traits sont calmes, comme de bronze un peu de décadence, mais qu'est-ce que décadence veut bien dire au fond?
P. VERLAINE.

DÉCATISSURE. S.F. — État de ce qui est décati.

La satisfaction de hommir les décatissures de la fille consola...

Les Demoiselles Goubert.
JEAN MORÉAS et PAUL ADAM.

DÉCLOS. — Participe du verbe déclore.

Des coussins sur les fauteuils déclos ainsi que des bras érotiques.

Les Demoiselles Goubert.
JEAN MORÉAS et PAUL ADAM.

DÉFLOQUER. V.N. — Crépiter avec flammes.

Un doux jaillissement de clartés défloque.
FÉLIX FÉNÉON.

DÉFORMANCE. S.F. — Atténuation par le suffixe *ance* du mot déformation.

... Et cette stupide déformance gâte tout l'ensemble de la fluette membrure.

Thé chez Miranda
PAUL ADAM.

DÉHISCER. V.A. — Se partager.

Les valeurs d'or du tabernacle déhiscent.

Lohen., II.
JULES LAFORGUE. [65]

DÉLAVER. V.A. — Enlever ou affaiblir avec de l'eau.

Cette solitude kilométriquement profonde, d'un vert sévère, arrosée de taches de lumières, délava [sic.].
JULES LAFORGUE. [66]

DÉLINQUER. V.N. — Faillir.

Le dessin s'interpole [sic.] et les teintes délinquent.

Art moderne.
F. FÉNÉON. [67]

DÉMIURGE. S.M. — Puissance créatrice inférieure à Dieu. Voir l'hérésie de Valentin.

Les démiurges des histoires.

La Belle au château rêvant.
GUSTAVE KAHN.

DÉSESPÉRANCE. S.F. — Atténuation de désespoir.

Et vous seriez là jusque la mort pour me garantir des désespérances.

Thé chez Miranda.
PAUL ADAM.

---

65   *La Vogue*, II, numéros 1 et 2 (1886).
66   Voir *Salomé*, *O.C.*, t. II, p. 437 et p. 581. Il semble que Plowert ait mal transcrit la version de *La Vogue*, où on peut lire 'délavée' et non 'délava'. La version reproduite dans *O.C.* est celle de l'édition de 1887: '[...] cette solitude kilométriquement profonde d'un vert sévère, arrosée de taches de lumières, meublée uniquement de l'armée de raides pins, au tronc nu d'un ton de chair saumoné, n'éployant que très haut, très haut, leurs poussiéreux parasols horizontaux'.
67   La phrase, tirée d'un commentaire sur Charles Angrand, vient du 'Néo-Impressionnisme', *L'Art moderne*, 1er mai, 1887, où elle paraît ainsi: 'le dessin s'ankylose et les teintes délinquent' (*Œuvres*, t. I, p. 75).

DICACITÉ. S.F. — Causticité. L. *dicacitas*.

> Un monsieur dont la dicacité s'illumine en un malin sourire.
>
> *Art moderne*, 1887.
> FÉLIX FÉNÉON.[68]

DIASPE. S.F. — Le jaspe.

> Les diaspes et les caldonies
> Dardent sur mes tresses infinies.
>
> *Cantilènes.*
> JEAN MORÉAS.

DICHROME. Adj. — A deux couleurs. G. *dis*, deux, et *Khromos*, couleur.

> Voici notre thé à cette vesprée, dit Miranda en remplissant les coupes
> dichromes à tige grêle.
>
> *Thé chez Miranda.*
> JEAN MORÉAS.

DIFFLUER. V. PR. — Se répandre de différents côtés.

> Une subtile joie polychrome se difflue en auberges sur les fonds.
>
> *Art moderne.*
> F. FÉNÉON.

DILUER. V.A. — Délayer.

> Elle dilue à flots de salive ce jus dont les piquantes saveurs...
>
> *Soi.*
> PAUL ADAM.

DISSOCIER. V.A. — Séparer et renvoyer par des voies différentes.

> La rétine... perçoit par très rapides alternats, et les éléments colorés
> dissociés et leur résultante.
> *Les Impressionnistes.*
> FÉLIX FÉNÉON.

---

68   'Le Néo-Impressionnisme', *L'Art moderne*, 1er mai, 1887, *Œuvres*, t. I, p. 74, où on peut lire: '... un
      monsieur dont la dicacité s'éternise en un malin clignement d'Œil'.

DOMER. V.A. — Couvrir d'un dôme.

... Les pennons mauves dômeront en flots d'apothéoses, dômeront vos fallaces, vos visionnaires rêves.

Palais nomades.
GUSTAVE KAHN.

DYSCOLE. Adj. Qui a mauvais caractère.

... devenu l'exclusive propriété, il semble, de quelques dyscoles bateleurs.

Les Hommes d'Aujourd'hui. (n⁰ 268).[69]

ÉBERLUER. — V.A. rendre huluberlu.

... S'éberluant la constitutionnelle bêtise du public.

Art Moderne, 1887.
F. FÉNÉON.[70]

ÉCRITURE. — S.F. — Style.

Ecriture émaciée.

Les Hommes d'Aujourd'hui.
F.FÉNÉON.

ÉDÉNIQUE. Adj. — D'Eden.

Edéniquement nus.
JULES LAFORGUE.[71]

ÉDICULE. S.M. — Petit édifice.

Un gothique édicule en fer forgé.
JULES LAFORGUE.

---

69 Citons la phrase en entier: 'Sur sa formule influeront encore Wagner, Dürer et, si l'on ose écrire ce nom, devenu l'exclusive propriété, il semble, de quelques dyscoles bateleurs, Schopenhauer' (*Œuvres*, t. II, pp. 605-6).

70 'Le Néo-Impressionnisme', *Œuvres*, t. I, pp. 71-2.

71 *Lohengrin*, *O.C.*, t. II., p 424.

EDMONDSCHÉRESQUE. Adj. — Voy. FRANCISQUESARCEYSE.

EFFAÇURES. S.F. Effet d'effacement.

Les effaçures de ses mauvais rêves.

Songes.
FRANCIS POICTEVIN.

ÉLECTUAIRE. S.M. — Vase d'élection.

Je chercherai l'électuaire.

La Belle au château rêvant.
GUSTAVE KAHN.

ÉLIXIRER. V.A. — Forme verbale du mot élixir. — Prendre l'essence.

Me laisser éponger mon *Moi* par l'absolu.
Ou bien élixirer l'*Absolu* en moi-même.

Complaintes.
JULES LAFORGUE.[72]

EMBLÉMATOIRE. Adj. actif d'emblème.

Hante le lit emblématoire
à l'ordre de l'heure impérieuse.

Palais nomades.
GUSTAVE KAHN.

EMBOIRE. V.A. — Ternir, confondre.

Malgré la pluie qui emboit le dehors, la vérandah s'éclaire.

Soi.
PAUL ADAM.

En les buées leurs vitres obscures s'emboivent.

Thé chez Miranda.
PAUL ADAM.

---

72   'Préludes autobiographiques', *OC.*, t. I, p. 548.

EMMI. Prép. — Parmi.

En un traîneau lancé à toute vitesse par le froid, et elle très chaudement emmi les fourrures.

Soi.
PAUL ADAM.

EMMOUSSELINER. V.A. — Envelopper de mousseline.

Une jeune fille mélodieusement emmousselinée d'arachnéenne jonquille.

JULES LAFORGUE.[73]

ÉNERVANCE. S.F. — Atténuation de ÉNERVEMENT, par le suffixe *ance*.

Dans sa poitrine elle ressent des énervances, des soulèvements délicieux.

Soi.
PAUL ADAM.

ENGER. V.A. — Charger, embarrasser.

... Une noble personnalité qui, d'abord engée de réminiscences romantiques et grecques, bientôt se manifeste originale.

Revue Moderniste, 1885.
F. FÉNÉON.[74]

ENGOULER. V.A. — Avaler d'une manière goulue.

Le vitrail jaune des portes de brasseries, tantôt vomissant, tantôt engoulant des masses noires.

Les Demoiselles Goubert.

ENGRANDEUILLER (s'). V.P. — Se mettre en grand deuil.

L'automne s'engrandeuille au bois de Boulogne.

Complaintes.
JULES LAFORGUE.[75]

---

73 *Salomé, Œuvres* , t. II., p. 436.
74 Compte rendu de *Humanité* de M. Fabre des Essarts, 1er décembre 1885 (*Œuvres*, t. II., p. 665).
75 'Grande Complainte de la Ville de Paris, prose blanche', *OC.*, t. I, p. 609.

ENJAUNI. Adj. — Rendu jaune.

La bâtisse de l'Opéra aux baies enjaunies de lumière où des ombres se heurtent.

Thé chez Miranda
PAUL ADAM.

ENVOL. S.M. — Vol elliptique.

Un envol de pigeons écarlates tonne autour de ma pensée.

Illuminations.
A. RIMBAUD.

ERRABUNDE. Adj. — Qui vague. L. *errabundus.*

... Deux semaines errabundes.

Complaintes.
JULES LAFORGUE.[76]

ERRANCE. S.F. — Forme substantive du participe errant; (errement et erreur; ayant des sens définis).

Et toi dans l'errance de mes ombres demeurantes.

Palais nomades.
GUSTAVE KAHN.

ÉRUCTER. V.N. — Produire un son semblable à l'éructation.

La soulerie de cette multitude éructa.

Soi.
PAUL ADAM.

ESCAMPER. (s'). V.P. — Disparaître.

... Un lit qui s'escampe derrière le cadre.

Les Impressionnistes.
F. FÉNÉON.

---

76 'Préludes autobiographiques', *OC.*, t. I., p. 548.

ESCOT. S.M. — Sorte d'étoffe.

Miranda toute droite, à l'aise en une sorte de canezou d'escot...

Thé chez Miranda.
JEAN MORÉAS.

ESCRAMOR. S.M. — Bête féerique.

Et la belle princesse portait une riche robe de soie où l'on voyait brodés à fin or des pards et des dragons, des serpents volants et des escramors...

L'empereur Constant (Rev. Indép.).
JEAN MORÉAS.

ÉSOTÉRIQUE. Adj. — Indique une création idéaliste personnelle.

Je vague à jamais innocent
Par les blancs parcs ésotériques.

Complaintes.
JULES LAFORGUE. [77]

ESSANGER. V.A. — Mouiller.

Bien des années encore son œil paludéen essangera ses toiles, patriotiques mouchoirs.

Symboliste, II.
F. FÉNÉON.

ESSORER. V.A. — Donner l'essor, — s'essorer, prendre essor.

Derrière lui la ville déjà en rumeur de fête essorant ses copieux arrosages.

Vogue, I.
J. LAFORGUE.

Je me trouvais néanmoins chez madame en gros oiseau gris bleu s'essorant vers les moulures du plafond.

Illuminations.
A. RIMBAUD.

77   'A Paul Bourget', *OC.*, t. I, p. 545.

ÉTANCHE. Adj. — Hermétiquement joint.

> Cet austère livre, encore qu'il ne réalise pas mon rêve de forme étanche
> et de poésie rare...
>
> *Revue Moderniste*.
> F.FÉNÉON. [78]

ÉTÉSIEN. Adj. — G. *étêsiai* dérivé de *étos* année. Se dit des vents
réguliers qui soufflent chaque année pendant un certain nombre de
jours sur la Méditerranée. Ces vents soufflent 40 jours vers le lever
de la canicule; étésiens correspond dans la seconde des citations
suivantes à caniculaire.

> Un ciel pâlement vert où filent des vents étésiens.
>
> *Les Impressionnistes*.
> FÉLIX FÉNÉON. [79]

> Vers le soleil des jours étésiens.
>
> *Sites*.
> HENRI DE RÉGNIER. [80]

ÉTIRANCE. S.F. — Atténuation d'ÉTIRAGE.

> Des étirances lamentantes.
>
> *Thé chez Miranda*.
> PAUL ADAM.

---

78   Cette phrase, également tiré du compte-rendu de M. Fabre des Essarts, est différente dans l'article
      repris dans *Œuvres*, t. II., pp. 665-6: 'cet ample livre – encore qu'il ne vise pas à réaliser nos rêves
      de forme étanche et de poésie concise et sublimée – témoigne de la méditation d'un vaste esprit et
      du travail d'un artiste robuste.'
79   Fénéon parle de Claude Monet (*Œuvres*, t. II., p. 41).
80   *Sites* parut chez Vanier en 1887.

ÉTOFFEMENT. S.M. — Assemblage d'étoffes.

Fagoté dans un étoffement blanc.

Ludine.

POICTEVIN.[81]

ÉVENTAIRER (S'). V.P. — S'étaler en éventaire.

... Tes lèvres le parvis où s'éventairent les parfums et les couleurs des fleurs et des fruits.

Palais nomades.
GUSTAVE KAHN.

EXHILARANT. Adj. — Joyeux, tumultueux.

Et le bruit du galop exhilarant dans la savane.

La Belle au château rêvant.
GUSTAVE KAHN.

EXPECTANT. Adj. — Qui est dans l'expectative, dans l'attente.

L'envie expectante.

Demoiselles Goubert.
JEAN MORÉAS E et PAUL ADAM.

FALLACE. Adj. — Trompeur. L. *fallax*.

De fallaces fleurs emplissent la coiffe de satin rose.

Demoiselles Goubert.

---

81 *Ludine* parut chez Tresse et Stock en 1883. Poictevin avait à l'époque déjà publié *Seuls* (1886), *Petitau* (1885) et *Songes* (1884), et, bien qu'oublié à présent, il fut, avec Adam et Moréas, l'un des plus fertiles prosateurs symbolistes. Tel le décrit 'B. De Monconys' (Paul Adam) dans *Symbolistes et Décadents*: 'M. Poictevin ne peint que des attitudes, des attitudes d'âme, de corps, comme des attitudes de fleuve, de ciel, de forêt, de montagne, et cela sous le vêtement instantané de la lumière passante' (pp. 21-2).

FANTASMATIQUE. Adj. — Semblable à un effet de fantasmagorie. G. *phantasma* apparence.

En songe elle avait cru à une caresse fantasmatique, douce et chaude.

Soi.
PAUL ADAM.

FASCÉ. Adj. — Rayé diagonalement.

Comiquement [sic.] coiffée, assise dans une robe bleue bouillonnée de rose et fascée de noir.

Vogue, I.
F. FÉNÉON.[82]

FEUILLURE. S.F. — Ensemble de feuillages.

Des pas, et le frisson qui s'amuse aux feuillures.

Palais nomades
GUSTAVE KAHN.

FLACHE. S.F. — Flaque.

Dans une flache laissée par l'inondation du mois précédent, elle me fit remarquer de très petits poissons.

Les Illuminations.
A. RIMBAUD.

FLAMBOI. S.M. — Abréviation de flamboiement.

Et sous le ciel d'été un flamboi de gaz.
JEAN MORÉAS.

FLAVE. Adj. — Blond ardent. L. *flavus.*

L'asphalte réfléchissait en coulées d'or flave les tremblances des lampadaires.

Demoiselles Goubert.

---

82 Fénéon parle de Jacques-Emile Blanche dans une section du texte supprimé dans la plaquette des *Impressionnistes*, où on lit 'coniquement coiffée', *Œuvres*, t. I, p. 51.

FLAVESCENT. Adj. — Qui blondit.

... Cet ordonnateur habile de couples se mouvant dans des lumières flavescentes.

Les Impressionnistes.
FÉLIX FÉNÉON. [83]

FLACCIDITÉ. S.F. — Mollesse d'une pâte qui n'offre aucune résistance à la pression.

... La tête inclinée sur la flaccidité du torse, une fille s'essuie.

Les Impressionnistes.
FÉLIX FÉNÉON.

FLEURER. V.A. — Répandre une odeur.

Un cordon de violette fleurant encore l'humide matin.

Soi.
PAUL ADAM.

Toute rose a parfum qui fleure.

Palais nomades.
GUSTAVE KAHN.

FLEXUEUX. Adj. — Qui est fléchi plusieurs fois dans sa longueur.

Les joncs flexueux où des engoulevents volètent.

Le Thé chez Miranda.
JEAN MORÉAS.

FLOCQUER. V.N. — Être secoué au vent, en parlant d'une étoffe.

Le drapeau suisse par secousses flocque, tourmentant.

Songes.
FRANCIS POICTEVIN. [84]

---

83   Fénéon parle de Renoir (*Œuvres*, t. II, p.40).
84   Tresse et Stock, 1884.

FLORAL. Adj. — Orné de fleurs.

Une jeune fille dans une lumière filtrée par des branches florales, lit.

Les Impressionnistes.
FÉLIX FÉNÉON.

Si florales sous les pelouses du soleil...

Palais nomades.
GUSTAVE KAHN.

De florales damassures.

Soi.
PAUL ADAM.

FLORER. V.A. — Orner de fleurs artificielles.

Elle se dresse des coussins écarlates florés d'aigues-marines.

Thé chez Miranda.
PAUL ADAM.

FLUCTUER. V.N. — Être flottant. L. *fluctuo, as, are.*

Dans ses gros yeux bleus des larmes fluctuaient.

Demoiselles Goubert.

FLUER. V.N. — Couler en nappe. L. *fluere,* d'où *fluvium,* fleuve.

De mauvaises sueurs fluent de sa nuque le long du dos.

Thé chez Miranda.
PAUL ADAM.

FOCAL. Adj. — Formé de foyer.

Cette femme au brasier si anormalement indemne de toute atteinte de lumière focale.

Les Impressionnistes.
FÉLIX FÉNÉON.[85]

---

85   Fénéon parle de Federico Zandomeneghi, *Œuvres,* t. I, p. 32

FONGOSITÉ. S.F. — Mousse.

Une porte verdie de mousses et de fongosités dignes d'écrin.

JULES LAFORGUE.[86]

FRAGRANCE. S.M. — Parfum.

Lents glissements aux suprêmes morts et ses voix lointaines, et brusques nuits à ses prunelles, et brèves fragrances.

Palais nomades.
GUSTAVE KAHN.

FRANCISQUESARCEYSE. Adj. — De Francisque Sarcey; forme adjective du mot F. Sarcey, analogue spécialisé du mot.

Dogme entier toujours debout sous l'exégèse
Même edmondschéresque ou francisquesarceyse.

Jadis et Naguère.
PAUL VERLAINE.

FRISSELIS. S.M. — Frisson des feuillages sous le vent.

D'où donc ce frisselis d'émoi qui me pénètre...

Palais nomades.
GUSTAVE KAHN.

FROISSURE. S.F. — Impression qui demeure à un corps froissé.

Le corps offre seulement de grandes lignes au fusain, des plaques de blanc qui indiquent les froissures et les drapements de la robe.

Soi.
PAUL ADAM.

FRONDANT. Adj. — L. *Frondosus*, Abondant en feuillage, feuillu, touffu.

Au pied de la montagne à la chevelure frondante...

Thé chez Miranda.
JEAN MORÉAS.

---

86   *Salomé, O.C.*, t. II., p. 437

FRUTESCENT. Adj. — Qui est de la nature d'un arbrisseau.

A l'ombre de fouillis frutescents les moirés de la petite rivière s'amplifient en ellipses qu'emporte l'eau, et renaissent.

Les Impressionnistes.
FÉLIX FÉNÉON.

FULGURER. V.N. — Lancer des éclairs. L. *fulguro, are*.

Les yeux, pastilles d'encens, où fulgure une minuscule étincelle.

Thé chez Miranda.
PAUL ADAM.

FUMELER. V.N. — Diminutif de fumer.

Vers le plat d'argent où fumèlent les tasses transparentes...

Soi.
PAUL ADAM.

FUSER. V.N. — Jaillir sur toute une surface. L. *fundo, fusus*.

Ce ne fut qu'en 1874 que fusa pour ainsi parler son volume peut-être le plus original.

Les Hommes d'Aujourd'hui (n° 244).[87]
PAUL VERLAINE.

GÉHENNER. V.A. — Passer à la géhenne, torturer.

Finies... les douleurs d'entrailles géhennantes.

Soi.
PAUL ADAM.

GLAUQUER. V.A. — Rendre glauque.

L'atmosphère se glauque avec des teintes d'aquarium.

Thé chez Miranda.
PAUL ADAM.

---

87   Le volume dont il parle est *Romances sans paroles*.

GLIS. S.M. — Abréviatif de glissement.

... Glis alternatifs, montant et descendant sur les déclivités de plans idéaux.

Vogue, II.
FÉLIX FÉNÉON.

GNOMON. S.F. — Tige verticale; primitivement terme astronomique.

Ces jeunes filles dont le torse d'une viticible [sic.] de gnomon, jaillit de l'herbe soleillée où s'annulent les sols.

Art moderne.
FÉLIX FÉNÉON.[88]

GONE. S.F. — Sorte de justaucorps.

En gone de velours violet.

Cantilènes.
JEAN MORÉAS.

GRAPHIDE. S.F. — Croquis au trait.

Une graphide non encore signalée d'Edouard Manet.

Le Symboliste.
FÉLIX FÉNÉON.

GRISOLLER. V.N. — Chanter, en parlant de l'alouette.

Si ce n'est l'alouette parfois qui grisolle.

Songes.
FRANCIS POICTEVIN.

---

88 'L'Impressionnisme aux Tuileries', *L'Art moderne*, 19 septembre, 1886. Fénéon parle de Seurat, et la phrase paraît ainsi: 'les jeunes filles dont le torse, d'une verticalité de gnomon, jaillit de l'herbe soleillée où s'annulent les robes' (*Œuvres*, t. I, p. 56). Voir aussi le compte rendu du glossaire par Fénéon, où il signale cette erreur comme exemple des 'tératologiques déformations' de Plowert (voir notre deuxième appendice).

GRIVELURE. S.F. — État de ce qui est grivelé, tacheté de fris comme les
   grives.

... Dans la grivelure argentée de leurs ailes éployées, un vol tumultueux
de grèbes.

Thé chez Miranda
JEAN MORÉAS.

HABITUEUX. Adj. — Forme dédaigneuse de habituel.

On sort du mariage habitueux.

Jadis et Naguère.
PAUL VERLAINE.

HALO. S.M. — Cercle lumineux qui entoure parfois les astres. G. *alôs*,
   disque.

La lune en son halo ravagé n'a [sic.] qu'un œil.
Mangé des mouches, tout rayonnant des grands deuils.

JULES LAFORGUE.[89]

Il demeure dans l'extase sacrée sous le halo violet de la Larve
contemplée.

Demoiselles Goubert.

HALLALISER. V.A. — Sonner l'hallali.

De trop poignants cors
M'ont hallalisé ces chers décors.

Complaintes.
JULES LAFORGUE.[90]

HANCHER. V.N. — Tendre la hanche.

Aux cannelures hanchant vers le jour, la lumière décomposée fait tinter
toutes les nuances en gamme.

Soi.
PAUL ADAM

---

89   'Complainte des Voix sous le Figuier boudhique', *OC.,* t. I, p. 552. Lire: 'La lune en son halo
      ravagé n'est qu'un Œil'.

HECTIQUE. Adj. — Relatif à la fièvre.

> Les mouvantes, mouvantes aurores des taches hectiques aux pommettes de sa sœur et des lunules de sang à ses mouchoirs.
>
> *Vogue*, III.
> JULES LAFORGUE.

HIÉMAL. Adj. — D'hiver, que produit l'hiver. L. *Hiems*, Hiver.

> C'est l'hiémale nuit, et ses buées.
>
> *Le Thé chez Miranda*. Ire Soirée.
> JEAN MORÉAS.

R. HIVERNAL. *signifie un état actif, une action sur l'hiver, ou à propos de l'hiver;* HIÉMAL *signifie un état passif, et s'applique aux choses résultant de l'hiver. Le Larousse des écoles déclare* HIVERNAL *peu usité.*

HOCQUETER. V.N. — Avoir le hocquet, émettre des sons semblables au hocquet.

> L'air se frayait un passage par sa bouche hocquetante.
>
> *Soi.*
> PAUL ADAM.

HOIR. S.M. — Héritier. L. *haeres*, même signif.

> La chambre ancienne de l'Hoir.
>
> *Revue Indépendante*.
> STÉPHANE MALLARMÉ.

> .... l'Hoir
> Royal, dont votre mort para les funérailles.
>
> *Sites*.
> HENRI DE RÉGNIER.

---

90   Le mot 'hallaliser' est parmi ceux que Fénéon remarque dans son article 'Les Poèmes de Jules Laforgue'.

HULER. V.N. — Hurler.

> Et la lune qui se lève hule,
> la lune hule à la tête horrible.

Demoiselles Goubert.

HYALIN. Adj. — Qui a la transparence du cristal.

> Des chênes, dans l'incarnadin de leur feuillage, s'éclaircissent de transparences hyalines.

Songes.
FRANCIS POICTEVIN.

HYMNAIRE. — Forme adjective passive du mot hymne.

> Les harpes sont éclatées, les harpes, hymnaires
> Aux louanges des mains morbides de la lente souveraine.

Palais nomades.
GUSTAVE KAHN.

HYMNICLAME. Adj. — Qui clame des hymnes.

> Les cloches, leur battant des mains
> S'étourdissent en jeunes gammes
> Hymniclames! hymniclames!

Complaintes.
JULES LAFORGUE.[91]

ILLUNÉ. Adj. — Contraction locale du mot *illuminé*.

> Aux soirs illunés.

Palais nomades.
GUSTAVE KAHN.

> Devant le soleil bleu des rideaux illunés.

Les Premières Communions (Vogue, t. I).
ARTHUR RIMBAUD.

---

91   'Complainte des cloches', *OC.*, t. I., p. 595.

IMMANENT. Adj. — Analogue de permanent. L. *in*, indication de lieu, contrairement à *per*, indication de transition.

> La neige de l'immanent hiver à ton cœur qui croule.
>
> *Palais nomades.*
> GUSTAVE KAHN.

INCANTATOIRE. Adj. — Qui évoque. L. *incantare*, enchanter.

> Le vers qui de plusieurs vocables refait un mot total, neuf, étrange[r] à la langue et comme incantatoire achève cet isolement de la parole.
>
> STÉPHANE MALLARMÉ.[92]

INCURVE. Adj. — Qui a une courbe rentrante. L. *in-curvus*, courbe.

> L'incurve et plastique roideur du corset.
>
> *Le Thé chez Miranda.*
> PAUL ADAM.

INCURVER. (S'). V.N. — Devenir incurve.

> Et par dessus s'incurve le firmament.
>
> *Thé chez Miranda.*
> PAUL ADAM.

INDUIRE. V.A. — L. *in* et *ducere*. Empl. absol. Par une généralisation du sens où l'emploient les physiciens: *influencer...*

> Les tapages extérieurs induisent son inquiétude.
>
> *L'Art moderne.*
> F. FÉNÉON.

INGRACIEUX. Adj. — *In* privatif et "gracieux"; qui manque de grâce.

> ... En haussant les épaules aux ingracieux costumes.
>
> *Thé chez Miranda.*
> PAUL ADAM.

---

92   Mallarmé, *O.C.*, p. 858. De 'L'Avant-dire au *Traité du Verbe*'.

INSCIENT. Adj. — Abréviation logique d'inconscient.

Mais marcher dans le sapide et monotone clair
Qu'allument aux humains mes inscientes prunelles.

Palais nomades.
GUSTAVE KAHN.

INSCRIRE. V.A. — Terme de mathématiques. Tracer à l'intérieur d'une figure, une autre figure telle que le sommet de tous les angles de celle-ci touche le périmètre de celle-là.

Une quadragénaire en lourde robe rouge verse un flux de paroles sur le sommet du triangle dans lequel s'inscrit sa fille à la glauque robe de tulle.

Les Impressionnistes.
F. FÉNÉON.

INSEXUÉ. Adj. — Que la nature n'a pas doué de sexe.

Des formes graciles, insexuées.

Thé chez Miranda.
PAUL ADAM.

INTRADOS. S.M. — Partie concave de la voûte.

L'intrados de la Manne-Porte.

Les Impressionnistes.
FÉLIX FÉNÉON.

INVERTIR. V.A. — Terme didactique. renverser symétriquement. L. *invertere*.

Et, voilures bleutées à peine, de volantes barquettes s'invertissent crûment dans cette nappe...

Les Impressionnistes.
FÉLIX FÉNÉON.

INVESTIR. V.A. — Revêtir, envelopper. L. *investire*, de *in*, en et *vestire*, vêtir.

> ... Et gare à ceux qu'il investit de son animadversion!
>
> *Les Hommes d'Aujourd'hui* (n° 241).
> PAUL VERLAINE.

IRRORER. V.A. — L. *irrorare*, couvrir de rosée, arroser; extensivemement dans un sens mental à l'exemple:

> Les aveux s'ornaient des baisers qu'irrore
> Le cœur étiolé des frissons des temps.
>
> *Palais nomades.*
> GUSTAVE KAHN.

ITHYPHALLIQUE. Adj. — G. *ithyphallikos*, de *ithyphallos* ithyphalle. Grossier dessin de caserne représentant des Phallus.

> Ithyphalliques et pioupiesques
> Leurs insultes l'ont dépravé.
>
> *La Vogue*, I, 7.
> ARTHUR RIMBAUD.[93]

IYNGE. S.F. — La bergeronnette ou hochequeue; on s'en servait dans les enchantements dont le but était d'inspirer de l'*amour*.

> Au flux de son aile cadencé
> L'Iynge berce l'amer sommeil.
>
> *Cantilènes.*
> JEAN MORÉAS.

JUBE. S.F. — Crinière. L. *juba*.

> Un front de tartaglia macabre sous un toupet en jube de fauve.
>
> *Demoiselles Goubert.*

---

93 'Le Cœur du Pitre' (*La Vogue*, 7-14 juin 1886), *Arthur Rimbaud. Œuvres Complètes* , *Correspondance*, édition présentée et établie par Louis Forestier (Paris: Laffont, 1992), p. 82. Le mot se retrouve dans l'article de Fénéon sur Laforgue, dans le contexte de 'l'imagination ithyphallique' de ce dernier (Fénéon, *Œuvres*, p. 585).

JUMELLEMENT. — Adverbe formé du mot "jumeau, jumelle."

La peau mate jumellement ornée par la gouache des pupilles bleues.

Soi.
PAUL ADAM.

KIEF. S.M. — Sorte de haschich portant à un rêve somnolent; extensivement: rêve.

Sans chercher l'oasis ni les Kiefs d'avenir.

Palais nomades.
GUSTAVE KAHN.

LABILE. Adj. — Sujet à glisser, à tomber, à manquer (LITTRÉ). L. *labilis*, de *labi*, tomber, glisser.

A la primitive prose souple, musclée et coloriée se sont substituées de labiles chansons murmurées, balbutiant en un bénin gâtisme, ou qui piaulent.

Symboliste, I.
F. FÉNÉON. [94]

LACTESCENT. Adj. — Qui commence à devenir laiteux.

Même les brumes gris de perle, vers la ville, il les gouache de blancheurs lactescentes.

Le Thé chez Miranda.
PAUL ADAM.

LACUSTRE. Adj. — Qui vit dans les lacs. L. *lacustris*, de *lacus*, lac.

Une enfance helvétique et lacustre parmi les cygnes fédéraux.

Les Hommes d'Aujourd'hui (n° 300).
FÉLIX FÉNÉON.

---

94   Fénéon parle de Rimbaud, 'Arthur Rimbaud: *Les Illuminations*' (*Le Symboliste*, 7 octobre 1887), *Œuvres*, t. II, p. 575.

LAMINÉ. P. P. — Du verbe act. Laminer. Endurci comme le fer laminé.

> Moi je suis laminé d'esthétiques loyales.
>
> *Imitation.*
> JULES LAFORGUE.[95]

LAMPYRE. S.M. — G. *lampuris*, lampyris, ver luisant.

> Le tétrarque Emeraude-Archetype parut, sur la terrasse centrale, se dégantant au soleil, Aëde universel au Zénith, Lampyre de l'Empyrée.
>
> *Salomé.*
> JULES LAFORGUE.

LARIGOT. S.M. — Espèce de flûte ou de petit flageolet qui n'est plus en usage, et qu'imite un des jeux de l'orgue dit jeu de larigot.

> Dans ses féeriques cathédrales au son des voix célestes et des clairons larigots.
> PAUL VERLAINE.

LATENCE. S.F. — L. *latentem*, qui est caché, de *latere*, être caché.

> Nuit des hérédités et limbes des latences!
> Actif? passif? ô pelouses des défaillances.
>
> *Complaintes.*
> JULES LAFORGUE.[96]

LATENT. Adj. — Qui est caché.

> Oui, Celle-là (serais-tu perdu en une salle, spectateur très étranger, Ami) pour peu que tu déposes avec soumission, à ses pieds d'inconsciente révélatrice, ainsi que les roses qu'enlève et jette en la visibilité des régions supérieures un jeu de ses chaussons de satin pâle et vertigineux, la Fleur *de ton poétique instinct* n'attendant de rien autre la mise en évidence et sous le vrai jour des mille imaginations latentes: alors, par un commerce dont son sourire paraît verser le secret, sans tarder elle te livre

---

95   'Pierrots, scène courte mais typique', *OC.*, t. II., p. 88. Voir aussi la traduction par Ezra Pound, in *The Translations of Ezra Pound* (Londres: Faber and Faber, 1953), pp. 438-9.

96   'Complainte du Sage de Paris', *OC.*, t. I., p. 619.

à travers le voile dernier qui toujours reste, la nudité de tes concepts et silencieusement écrira ta vision à la façon d'un Signe, qu'elle est.

Notes sur le Théâtre (*Rev. Indép.*).
ST. MALLARMÉ. [97]

LAURER. V.A. — Orner de lauriers.

Ses condisciples le laurèrent aux joutes de la grande dame.

Les Hommes d'Aujourdhui (n° 268).
FÉLIX FÉNÉON.

LIFRELOFRE. S.M. — Savantasse suisse.

Lifrelofre du canton de Vaud.

Chronique du Symboliste.
JEAN MORÉAS.

LIMBE. S.M. — Cercle brillant autour d'un objet.

Mélancolique le limbe de son canal en l'eau vivante se brise.

Thé chez Miranda.
JEAN MORÉAS.

LIMULES. S.M. — Genre de crustacés branchiopodes.

Des défilés où ruminent vautrés les caparaçons ardoisés des limules à queue de rat.

Vogue.
JULES LAFORGUE. [98]

LINCEULÉ. Adj. — Couvert d'un linceul ou d'une manière de linceul.

Un lit d'acajou linceulé de cretonne bleue.

Le Thé chez Miranda.
PAUL ADAM.

---

97 Mallarmé, *O.C.*, p. 307. Cet extrait provient de la seconde partie de l'article de Mallarmé qui parut pour la première fois dans *La Revue indépendante* du 1er décembre 1886. L'article fut reproduit dans le numéro de juin-juillet 1890 de *La Wallonie*.

98 'L'Aquarium', *OC.*, t. II., p. 502. *La Vogue* écrit 'linnules', ce qui n'a pas de sens (voir les variantes, pp. 606-9).

Les maisons sont grises et hautes, leurs fenêtres blanchement linceulées de rideaux mornes.

Idem.

LIPOTHYMIE. S.F. — Défaillance, évanouissement.

Une lipothymie le prostre.

Symboliste, Ier.
FÉLIX FÉNÉON.

LIQUESCENCE. S.F. — État de ce qui se fond. L. *liquesco, is, ere,* se fondre.

Gênes se noye dans la liquescence de l'air et des sons.

Thé chez Miranda.
PAUL ADAM.

Les Déliquescences par Adoré Floupette, poète décadent. Parodie.

LISÉRÉ. Part. pas. du verbe actif lisérer; border en lisérage.

Et les ciels familiers lisérés de folie.
Neigent en charpie éblouissante.

Imitation.
JULES LAFORGUE.

LOVÉ. Adj. — Roulé en spirale.

Un vaste ruban de pierres lové, biseauté d'une pente déclive.

Soi.
PAUL ADAM.

LOVER. (SE). V.P. — Se rouler en spirale.

Des chimères d'argent butinent parmi les fleurs magiques et se lovent.

Le Thé chez Miranda.
PAUL ADAM.

LUCESCENT. Adj. — Dérivé de *lucescens*, part. pas. de *lucesco*.

...   Boucliers lucescents de ta face nécéssaire.

Palais nomades.
GUSTAVE KAHN.

LUISANCE. S.F. — Atténuation de lueur.

... Une voyageuse que ... Jacques frôle dérobée dans sa fourrure, lui laissa une fuyante luisance.

Songes.
FRANCIS POICTEVIN.

LUISURE. S.F. — Lueur brève et mince, aux arêtes déterminées.

Les blancheurs d'eau qui s'effilent en minces luisures sur les vitres des lampadaires.
DEMOISELLES GOUBERT.

LUSTRAL. Adj. — L. *lustralis*, de *lustrare*, purifier.

Et alors les averses lustrales jusqu'au matin.

Les Amours.
JULES LAFORGUE. [99]

LUSTRATEUR. S.M. — Qui parcourt. L. *lustrator* (APULÉE).

Las de nos regards lustrateurs de vieux âges.

La Belle au château rêvant.
GUSTAVE KAHN.

MACROBE. S.M. — Vieillard, de *macro* ... et *bios*, vie.

Le macrobe de M. Valodon peut être une ferme étude.

Le Symboliste.
FÉLIX FÉNÉON. [100]

---

99   '[Oh! qu'une, d'Elle-même]', *Derniers vers*, *OC.*, t. II., p. 327.
100   'Le Musée du Luxembourg', *Le Symboliste*, 15 octobre, 1886, *Œuvres*, t. I., p. 62.

MADRURE. S.F. — Tache sur la peau.

La mer... Dans sa peau d'argent des madrures s'étalent émeraude, comme des près.

Thé chez Miranda.
PAUL ADAM.

MAFFLÉ. Adj. — Joufflu.

De mafflées [sic.] gaillardes lisent, dorment.

Les Impressionnistes.
FÉLIX FÉNÉON.[101]

MAJOLIQUE. S.F. — Faïence ancienne italienne et espagnole.

Une pièce tapissée de majoliques jaunes.

Salomé.
JULES LAFORGUE.

MALEBOSSE. S.F. — Chancre.

Calvite, bigle, camard, une malebosse au front, Nicolas Genès.

Demoiselles Goubert.
JEAN MORÉAS et PAUL ADAM.

MALITORNE. Adj. — Grossier, trivial.

... Les embûches malitornes.

Cantilènes.
JEAN MORÉAS.

MANTELÉ. Adj — Formé de manteau.

Aux passés les jeunes désirs mantelés de paroles au vent.

Palais nomades.
GUSTAVE KAHN.

---

101 Le mot 'mafflées' est donné ici tel qu'il parut dans *La Vogue* au cours d'un commentaire consacré à Gauguin, Guillaumin, Morisot et Estoppey. Dans la plaquette des *Impressionnistes en 1886* aux publications de *La Vogue* on peut lire 'mafflues' (voir les variantes données par Halperin dans Fénéon, *Œuvres*, t. I, p. 47).

MANUTERGE. S.M. — Serviette liturgique pour les ablutions manuelles.

Et c'est l'Ostensoir, patène de lune, démailloté de ses langes, présenté sur un manuterge.

Vogue.
JULES LAFORGUE.

MARCESCENT. Adj. — Plante qui dépérit.

Aux fleurs marcescentes du minuscule parterre, elle laisse un pitoyant regard.

Thé chez Miranda.
PAUL ADAM.

MARMONNEUX. S.M. — Vaurien.

Les bouches équivoques de glabres marmonneux.

Chronique du "Symboliste".
JEAN MORÉAS.

MASTOÏDE. Adj. — Qui a la forme d'un mamelon.

Mastoïdes paysages de banlieue parisienne.

Les Impressionnistes.
FÉLIX FÉNÉON.

MATITÉ. S.M. — Qualité de ce qui est mat.

La matité du teint pur.

Thé chez Miranda.
PAUL ADAM.

MATUTIN. Adj — L. *matutinus*, matinal ou matineux (spécialisés en indication d'habitude). — Ce mot nouveau était nécessaire pour désigner l'aspect très vierge d'un acte.

... Vers les graals dont tu décores
Les lents palais de rêves aux offices matutins.

Palais nomades.
GUSTAVE KAHN.

MAYA. S. PR. F. — Mythe indou de l'illusion.

Ah! que Maya en fait des siennes avec nous par ces coins de paysages.

Le Symboliste.
JULES LAFORGUE. [102]

MÉMORER (SE). V.P. — Traduction en forme verbale de l'adjectif L. *memor*.

Je me mémore en ton fantôme d'ombre récluse.

Palais nomades.
GUSTAVE KAHN.

MIMEUX. Adj. — Terme de botanique. Se dit des plantes qui, lorsqu'on les touche, se contractent.

Sa mimeuse sensibilité.

Art moderne, 14 août 1887.
FÉLIX FÉNÉON.

MIRANCE. S.F. — Etat de ce qui est miré.

A travers les mirances du lac, cœur de la ville, les maisons doublées à pic se fusèlent vers les aqueuses profondeurs.

Thé chez Miranda.
PAUL ADAM.

MISOGYNE. S.M. — Un homme qui hait les femmes. — G. *misein*, haïr, et *gunê*, femme.

Il suppute, faux misogyne, les frêles prestiges auxquels il succombe.

Art moderne.
FÉLIX FÉNÉON.

---

102   Voir aussi 'Préludes autobiographiques', où Laforgue écrit 'O Robe de Maïa, ô Jupe de Maman/ Je baise vos ourlets tombals éperdûment'.

MOBILER (SE). V.P. — Forme verbe de l'adjectif *mobile*, le mot de la langue *se mobiliser* étant employé dans un sens restreint.

> Le décor se mobile aux mouvantes écluses.
>
> *Palais nomades.*
> GUSTAVE KAHN. ˙

MOIRURES. S.F. — Effet de moire.

> Les moirures scintillantes du fleuve bercent le pers du ciel.
>
> *Demoiselles Goubert.*

MONITOIRE. S.M. — L. *moneo*, avertir. Substantif selon la forme adjective.

> A moi ciboire et monitoire
> Le simulacre de l'heure impérieuse.
>
> *Palais nomades.*
> GUSTAVE KAHN.

MONTUER. V.N. — Être Montueux.

> Cela institue d'immenses perspectives d'eau verte montuant sous un ciel froid.
>
> *Thé chez Miranda.*
> PAUL ADAM.

MORFIL. S.M. — Parcelles d'acier qui restent au tranchant d'une lame qu'on vient de réparer.

> Les oiseaux ... dont le bec marquait une ombre opaque et rouge, en morfil.
>
> *Soi.*
> PAUL ADAM.

MUETTEMENT. Adv. — En gardant le mutisme.

> Et son épée, il la nomme muettement Claymore.
>
> *Thé chez Miranda.*
> PAUL ADAM.

MUQUEUSE. S.F. — Nom des membranes qui tapissent les cavités du corps humain, ouvertes au dehors.

Hélas! tout ça c'est des histoires de muqueuses.

JULES LAFORGUE. [103]

MYOLOGIQUE. Adj. — relatif aux muscles. G.: *mus*. muscle, et *logos*.

D'un être qui bouge, elles n'enregistrent pas seulement le geste essentiel mais ses plus minimes et lointaines répercussions myologiques.

Les Impressionnistes.
FÉLLIX FÉNÉON.

MYSOURIDE. S.F. — La moderne *Agenouillée*.

Mysourides par les plessis d'ombre.

Chronique du "Symboliste".
JEAN MORÉAS.

MYSTE. S.M. — Initié.

Sur la croisée de quatre chemins, les mystes tracent des pentalphes...

Demoiselles Goubert.

NACRURE. S.F. — Effet de nacre.

Une nacrure luit.

Le Thé chez Miranda.
PAUL ADAM.

R. — *Mot formé de nacre comme dorure, ferrure, etc. sont formés d'or, fer, etc., la désinence ure indiquant l'effet, le résultat.*

NAVRANCE. S.F. — État de ce qui est navré.

> Les faces impassibles des Parisiens cachant des angoisses, des joies, des navrances devinables, tout ce luxe de passions et de choses le captive.
>
> *Le Thé chez Miranda.*
> PAUL ADAM.

> ... La navrance somnambulique des existences superflues.
>
> GUSTAVE KAHN.

R. *Littré dit: " On a proposé de former le substantif navrance, il serait utile, mais jusqu'à présent il n'a pas été adopté."*

NÉPHÉLIBATE. Adj. — Qui marche au-dessus des nuées. G. *néphélé*, nuage.

> Poèmes néphélibates et de théogonies.
>
> *Les Hommes d'Aujourd'hui* (n° 241).
> FÉLIX FÉNÉON.

NICKELURE S.F. — Effet de nickel.

> Ce lourd grand-livre relié de peau verte et orné de nickelure aux coins, au dos.
>
> *Demoiselles Goubert.*

NITIDE. Adj. — L. *nitidus*, resplendissant.

> Elle compte, abattue et les mains sur son cœur,
> Ses Anges, ses Jésus et ses Vierges nitides,
> Et, calmement, son âme a bu tout son vainqueur.
>
> *Les Premières Communions* (*Vogue*, I, I).[104]
> ARTHUR RIMBAUD.

NOLISER. V.A. — Terme de marine, affréter. L. *naulisare*.

> Nolisez les barques vers les petits orients de quiétude et de nonchalance qu'improvise le bon printemps.
>
> *Vogue*, I.
> GUSTAVE KAHN.

---

104   'Les Premières Communions III', *Œuvres complètes*, p. 86.

NOVALE. L. *novalis terra*, de *novus*, neuf. — Qui est nouvellement défriché (LITTRÉ, etc.).

> Son œuvre propre est enfin connue, et un clan d'écrivains campe sur cette terre novale.
>
> *Symboliste*.
> FÉLIX FÉNÉON.[105]

Acception:

> Les taureaux
> Meuglent aux chairs novales
> Des pythonisses.
>
> *Intermède des "Demoiselles Goubert."*
> JEAN MORÉAS et PAUL ADAM.

NUCLŒUS. S.M. — Noyau de la cellule organique. L. *nucleus*, noyau.

> Des nuclœus hirsutes, cils en houppe autour d'une matrice qu'ils éventent dans l'ennui des longs voyages.
>
> *Vogue*, I.
> JULES LAFORGUE.

NUÉ. — Part. passé du verbe actif nuer, assortir des couleurs.

> Mais d'autres, toutes on peut dire, nuées si précieusement, si précieusement charmantes en leur brume de rares musiques atténuées.
>
> *Hommes d'Aujourd'hui* (n⁰ 231).[106]
> FÉLIX FÉNÉON.

NUNCUPATIF. Adj. — L. *nuncupare*, dénommer, et *capere*, prendre. Ancien terme de palais. Testament nuncupatif, testament fait de vive voix et devant témoin (LITTRÉ, etc.). Par extension, conforme à l'étymologie:

> Les femmes, dit la chronique nuncupative, l'avaient peu préoccupé.
>
> *Symboliste*.
> FÉLIX FÉNÉON.[107]

---

105   'Arthur Rimbaud', Fénéon, *Œuvres*, t. II., p 574.
106   En fait, c'est le numéro 300 consacré à Vignier.
107   'Arthur Rimbaud', *Œuvres*, t. II, p. 574.

OARISTYS. S.M. Colloque amoureux.

> Ardent oaristys dont le dénouement chaste est plus brûlant que tout autre imaginable.
>
> *Hommes d'Aujourd'hui* (n° 243).
> PAUL VERLAINE.

OBLITÉRER. V.A. — Effacer. L. *oblitterare*, de *ob*, sur et *littera*, dans le sens de barre.

> Les chancres qui s'épandaient en de grises purées s'oblitèrent.
>
> *Revue indépendante*.
> FÉLIX FÉNÉON.

OCELLÉ. Adj. — Forme épithétique d'ocellure; moucheté.

> Les paons ont dressé la rampe ocellée.
>
> *Palais nomades*.
> GUSTAVE KAHN.

OCELLURE. — Ensemble de taches régulières et symétriques sur une étendue colorée.

> Par les pleurs des vagues et l'ocellure de leurs robes.
>
> *Les Palais nomades*.
> GUSTAVE KAHN.

OCULÉ. Adj. — Éclairé en forme d'œil. L. *oculatus*, participe de *oculo*, *as*, *are*, éclairer, rendre brillant (TERTULLIEN ET SOLINUS).

> La plaine des toits hirsutes de tours, de flèches d'or et de dômes, oculée par le soleil claquant sur quelque lucarne de mansarde.
>
> *Soi*.
> PAUL ADAM.

ONDER. V.N. — S'agiter comme l'onde, bouillonner comme l'onde, ondoyer. L: *undo*, *undas*, *undare*, même sens (VIRGILE ET PALLADIUS).

De nerveuses douleurs ondèrent dans la poitrine de la jeune femme.

Soi.
PAUL ADAM.

ONDOYANCE. S.F. — Forme substantive de l'adjectif ondoyant.

Vers l'ondoyance des futurs.

Les Palais nomades.
GUSTAVE KAHN.

ONDULANCE. S.F. — Atténuation de ondulation, aspect onduleux.

La ville cernée à l'horizon par l'ondulance bleue des collines.

Soi.
PAUL ADAM.

ORBE. S..M — L. *orbis*, figure sphérique ou circulaire.

Sur l'orbe de son œil levé

Le Thé chez Miranda.
PAUL ADAM.

PACAGER. V.A. — Terme de coutume. Pâturer.

Pacageant mes milieux.

Imitation de N.-D. la Lune.
JULES LAFORGUE.

PANIQUE. Adj. — Employé ici dans son sens étymologique général c'est-à-dire dans le sens restreint qui lui vient de ce que "Pan troublait les esprits".

L'émotion panique que fait vibrer Ronsard dans son Elégie à la forêt.

Les Hommes d'Aujourd'hui (nº 287). [108]
P. VERLAINE.

PAPELONNER. Adj. — Terme de blason. Se dit d'une représentation en forme d'écaille ou de demi-cercle sur un écu.

Sa brosse, d'une violence rusée, travaille et triture ingénieusement une pâte épaisse et plastique, la configure en reliefs, l'érafle, l'écorche, la guilloche et la papelonne.

Les Impressionnistes.
FÉLIX FÉNÉON. [109]

PAPEMOR. S.M. — Oiseau fabuleux.

Les papemors dans l'air violet
Vont...

Cantilènes.
JEAN MORÉAS.

PARADIGME. S.M. — G. Terme de grammaire. Exemple, modèle de déclinaison, de conjugaison (LITTRÉ, etc.).
Par extension et conformément à l'étymologie.

M. Georges Seurat, le premier, a présenté un paradigme complet et systématique de cette nouvelle peinture.

Les Impressionnistes.
FÉLIX FÉNÉON. [110]

---

108   Sur Léon Dierx, voir Verlaine *Œuvres en prose*, pp. 787-90.
109   A propos de Charles Angrand.
110   *Œuvres*, t. I., p. 36. Fénéon parle du tableau, *La Grande-Jatte*.

PARANGON. S.M. — Comparaison, patron, modèle.

Il y avait des rythmes, des rimes, un monsieur s'extrayant des vers au lieu de moderniser de ressassés parangons.

Les Hommes d'Aujourd'hui (n°298).
G. KAHN.

PARANGONNER. V. A. — De *parangon*, comparaison, qui vient de l'espagnol, *parangon*, et de l'italien, *parangone*. Comparer.

Parangonner un peu.

La Vogue, II, 8. (sept, 1886).
FÉLIX FÉNÉON.

PARANYMPHE. S.M. et F. — G. Antiq. gr. Le jeune ami du marié qui va chercher la mariée; et la jeune amie de la mariée qui va chez le mari.

Les paranymphes: Les concetti du crépuscule
Frisaient les bouquets de nos seins.

Complaintes.
JULES LAFORGUE.[111]

PÉDICULAIRE. — Adj. — Terme de médecine, maladie pédiculaire, engendrant nombre de poux.

... Cette pauvre vieille *libre pensée* mourante d'une triste maladie pédiculaire.

Les Hommes d'Aujourd'hui (n°282).[112]
P. VERLAINE.

PELU. Adj. — Couvert de poils.

Mentons pelus de deux coudées.

Chronique du "Symboliste."
JEAN MORÉAS.

---

110   *Œuvres*, t. I., p. 36. Fénéon parle du tableau, *La Grande-Jatte*.
111   'Complainte des voix sous le figuier boudhique', *OC.*, t. I, p. 552.
112   Numéro consacré à Jules Barbey d'Aurevilly, Verlaine, *Œuvres en prose*, pp. 781-84.

PELVIEN. Adj. — Terme d'anatomie: qui appartient au bassin. L. *pelvis*, bassin. Par extension: érotique.

... Neuf nouvelles pelviennes ont une préface qui relate allusivement le procès.

Revue moderniste.
FÉLIX FÉNÉON.[113]

PENDELOQUER. V.N. — Tomber en pendeloque.

La gouttelante améthyste qui pendeloque sur le front.

Le Thé chez Miranda.
PAUL ADAM.

PERENNEL. Adj. — L. *perennis*, sans fin.

Et les cœurs des roses au parfum pérennel.

La Belle au château rêvant.
GUSTAVE KAHN.

PÉRIMÉ. P.P. — Du verbe actif périmer. L. *perimere*, détruire, de *per* et *emere*, prendre. Terme de chicane.

Aux décors des boulevards des tavernes des jardins, des fêtes les amours périmés renaissent lumineux.

Art moderne.
FÉLIX FÉNÉON.

PÉRIPTÈRE S.M. — Pourtour extérieur environné de colonnes isolées.

Des citoles avec des saltères
Frémissent aux soirs des périptères.

Cantilènes.
JEAN MORÉAS.

---

113   Compte rendu de *Pornophile, sur imprimé de Bassora de 1789*, *La Revue moderniste*,.1er février, 1886 (*Œuvres*, t. II., p. 666).

PERTINACE. Adj. — *Pertinax*, adjectif latin.

Pertinaces les sautillements de petite serve de qui tu ennoblis le regard.

Palais nomades.
GUSTAVE KAHN.

PHYSIOGNOMONIQUE. Adj. — Qui juge le caractère par l'inspection du visage.

... des joutes physiognomoniques.

Les Hommes d'Aujourd'hui (n° 308).
FÉLIX FÉNÉON.

PIBOLE. S.F. — Sorte de musette.

Les piboles sonnent les sauts enluminés des bouffons.

Chronique du "Symboliste."
PAUL ADAM.

PIÉDESTALÉ. P.P. — Du verbe actif piédestaler. Monté sur piédestal.

... Piedestalées de cadavres et braillant de rage.

Le Carcan.
PAUL ADAM.[114]

PIER. N.M. Poutre.

Un long pier en bois d'un bout à l'autre d'un champ rocailleux où la foule barbare évolue sous les arbres dépouillés.

Les Illuminations.
A. RIMBAUD.

---

114   *Le Carcan*, revue fondée en novembre 1885 par Paul Adam et Jean Ajalbert, ne survécut pas à son deuxième numéro. Ses collaborateurs, nous précise Ann Duncan, furent Paul Alexis, Robert Caze, Fénéon, Ephraïm Mikhael, Moréas et Vielé-Griffin (*Les Romans de Paul Adam*, pp. 50-51). Jean Ajalbert, dans *Mémoires en Vrac*, y fait allusion en passant sous la rubrique '1884-1886: Les grandes années des Décadents, des Symbolistes, des Instrumentistes... Et des "petites revues'" (p. 187).

PIÉTÉ. P.P. — Du verbe neutre piéter. Tenir le pied à l'endroit marqué dans le jeu de boules. Figuré: raidi et solidement campé.

> Phrases tassées par d'énergiques ellipses piétées en une rudesse fauve.
>
> *Hommes d'Aujourd'hui* (n° 241).
> FÉLIX FÉNÉON.

PLASTIQUE. Adj. — Susceptible de recevoir différentes formes. G. *plastikos*, de *plassein*, former.

> Ni la rancune d'avoir été docilement plastique sous des mains adorantes, sous des mains impérieuses.
>
> *Art moderne.*
> F. FÉNÉON.

PLESSIS. S.M. — Jardins.

> Les plessis d'ombre.
>
> *Chronique du "Symboliste".*
> JEAN MORÉAS.

PLIOCÈNE. Adj. — G. *pleion*, *plus* et *kainos*, récent. Terme de géologie. Terrain pliocène, terrain tertiaire superposé au miocène et contenant plus de coquilles récentes.

> ... Des fossiles qui gisent
> En pliocènes tufs de squelettes parias.
>
> *Imitation de N.D. la Lune.*
> JULES LAFORGUE. [115]

PLUMULEUX. Adj. — De *plumule*, petite plume.

> Dans un pré dont le confin se marque d'un rang d'arbres plumuleux.
>
> *Les Impressionnistes.*
> FÉLIX FÉNÉON.[116]

---

115 'Nobles et touchantes divagations sous la lune', *OC.*, t. II., p. 107.
116 Fénéon parle du tableau de Monet, *La Meule*, *Œuvres*, t. II., p. 41.

POUACRE. S.M. — Plein d'ulcères.

> Gentlemen pouacres [sic.].
>
> *Chronique du "Symboliste"*.
> JEAN MORÉAS.[117]

RADIANCE. S.F. — Effet de rayon.

> Ces radiances confuses ne se retrouveront pas.
>
> *Songes*.
> FRANCIS POICTEVIN.

RAMOITIR. (SE). V.N. — Se rendre moite.

> ... Une fille se ramoitit...
>
> *Songes*.
> FRANCIS POICTEVIN.

RÉCURRENCE. S.F. — Retour perpétuel et involontaire d'un même fait dans une conscience.

> Ou marche somnambule aux nuits des récurrences.
>
> *Palais nomades*.
> GUSTAVE KAHN.

REGRETTANCE. N.F. — Diminutif de REGRET.

> La regrettance du rêve féminin qu'il veut oublier.
>
> *Le Thé chez Miranda*.
> PAUL ADAM.

R. *Mot formé avec la désinence* ance *qui indique une atténuation, comme dans souvenance, espérance, etc.*

---

117 La phrase vient de la premeière chronique du *Symboliste*, où elle paraît ainsi: ' En longue talare, cols fors, mentons pelus de deux coudées, ou squirreux, ou pouacres, des gentlemen'.

RENASCENT. Adj. — Prolongation de renaissant.

> Ils ont fauché du glaive les pavots renascents.

> > *Palais nomades.*
> > GUSTAVE KAHN.

RIBLEUR. S.M. — Coureur de nuit.

> ... Le dernier ribleur rase les murs suintants...

> > *Thé chez Miranda.*
> > JEAN MORÉAS.

RONRONNER. V.N. — Faire ou imiter le bruit que le chat tire de sa gorge pour marquer le contentement.

> Le fiacre découvert ronronne sur la chaussée du Corso.

> > *Soi.*
> > PAUL ADAM.

ROUGEOIMENT. S.M. — Effet de rouge. Formé comme flamboiement, effet de flamme.

> Le cortège presque effacé dans la nuit malgré le rougeoiment des torches...

> > *Soi.*
> > PAUL ADAM.

RUISSELURE. S.F. — Effet de ruisselement.

> Toute une joaillerie fondue dans les velours, et dans les peluches et dans les soies; et dans les ruisselures coulées dans la profondeur des fronces.

> > *Demoiselles Goubert.*

SACCAGE. S.M. — Bouleversement.

> Quel saccage du jardin de la beauté.

> > ARTHUR RIMBAUD.[118]

---

118   'Conte', *Les Illuminations*, Rimbaud, *Œuvres complètes*, p. 164.

SADINET. S.M. — Sexe de la femme.

> ... Où l'on a sadinet cy pris, cy mis.
>
> > *Thé chez Miranda.*
> > JEAN MORÉAS.

SALTANT. Adj. — L. *saltans* (saltare).

> Vite nous allions souriantes et saltantes.
>
> > *Palais nomades.*
> > GUSTAVE KAHN.

SALTÈRES. S.M. — Instrument de musique.

> Ma parole, aux soirs de périptères
> Fait taire citoles et saltères.
>
> > *Cantilènes.*
> > JEAN MORÉAS.

SAPONACÉ. Adj. — De la nature du savon.

> Œuvres d'une élégance sans imprévu et d'un aspect parfois saponacé.
>
> > *Les Impressionnistes.*
> > FELIX FENEON.[119]

SARDOINE. S.F. — Sorte d'agate.

> Aux traînes que portent les nains
> Par les escaliers de sardoine.
>
> > *Cantilènes.*
> > JEAN MORÉAS.

SAURE. Edj. — De couleur jaune tirant au brun.

> Un rayon saure qui glisse dans un temple fantastiquement brun.
>
> > *Thé chez Miranda.*
> > PAUL ADAM.

---

119   Fénéon parle de Federico Zandomeneghi (*Œuvres*, t. I., p. 32).

SAUTELLANT. Adj. — Qui saute légèrement.

> Entendre un son humain dans la salle voisine, permettait y fuir sautellante.
>
> *Soi.*
> PAUL ADAM.

SCABIEUX. Adj. — Qui a des rugosités.

> Les Genevilliers excoriés et les scabieux Saint-Denis...
>
> *Les Impressionnistes.*
> FÉLIX FÉNÉON.

SCISSILE — Adj. — Qui peut être fendu.

> C'étaient des scissiles Nord-Américaines de la région des grands lacs.
>
> *Hommes d'Aujourd'hui* (N° 300).
> FÉLIX FÉNÉON.

SCOLIE. S.F. — Commentaire.

> Quelques laudatives scolies sur le préraphaëlitisme.
>
> *Hommes d'Aujourd'hui* (N° 300).
> FÉLIX FÉNÉON.

SCURRILITÉ. S.F. — Bouffonnerie. L. *Scurrilitas.*

> La phrase se fronce d'une scurrilité.
>
> *Revue moderne.*
> FÉLIX FÉNÉON.[120]

SÉGRÉGER. V.A. — Séparer par triage.

> ... Ne s'est pas encore ségrégé de la tourbe de ses confrères.
>
> FÉLIX FÉNÉON.[121]

---

120 *Revue moderniste*, décembre 1885. Cette phrase provient également du compte rendu d'Oscar Méténier.

121 *Les Impressionnistes*, *Œuvres*, t. I., p. 50. La phrase vient de l'article intitulé 'Ve Exposition Internationale de Peinture & de Sculpture', *La Vogue*, t. I, numéro 10 (28 juin-5 juillet 1886), et n'est pas reprise dans le texte définitif. Fénéon parle d'Albert Edenfelt: 'Les efforts intermittents de M. Albert Edenfelt ne l'ont pas encore ségrégé de la tourbe de ses confrères'.

SÉLECTER. V.A. — Choisir.

Et l'idéal se sélecte quand même son petit maximum tous les soirs.

Vogue.
JULES LAFORGUE.

SEYANCE. S.F. — L'ensemble de ce qui sied. Formé de *seoir*, *seyant*.

Vite elle a descendu l'escalier où froufroutèrent ses seyances neuves.

Les Demoiselles Goubert.
JEAN MORÉAS et PAUL ADAM.

SYBILLIN. — Adjectivant l'idée de la prophétie des sibylles à la fois indicatrices et obscures.

D'un doigt levé chassant les nuages moroses
Dans le blanc lumineux des lampes sibyllines.

Palais nomades.
GUSTAVE KAHN.

SIGILLAIRE. Adj. — En forme de sceau: L, *sigilarius*, même sens.

Elle ne put se décider parmi les flacons casqués de peau blanche et les boîtes en carton à plombs sigillaires.

Les Demoiselles Goubert.
JEAN MORÉAS et PAUL ADAM.

Subsista la sigillaire influence de cet enfant dans toute l'œuvre de son âme [sic.].

Le Symboliste.
FÉLIX FÉNÉON.[122]

SILENT. Adj. — De silence, silencieux, indiquant l'acte de silence d'un être. Silent désignant un aspect de nature.

Des ailes voletantes attendent aux anses silentes de bonace.

Palais nomades.
GUSTAVE KAHN.

122   'Arthur Rimbaud', *Œuvres*, t. II., p. 574: 'Mais, parti, subsista la sigillaire influence de cet enfant dans toute l'œuvre de son aîné, M. Verlaine, à qui l'avait lié un commerce fraternel'.

SILLER. V.A. — Fendre les flots.

> Et puis en tes parlers sillés de nuls falots.

> *Palais nomades.*
> GUSTAVE KAHN.

SILVES. N.F. — Recueil de poèmes (lat.).

> Les silves aux mille pétales de roses.

> *Traité du Verbe.*
> RENÉ GHIL.

SINUER. V.A. — Être sinueux.

> Celle-ci, une aventurière qui est une intellectuelle, sinue son élégance mouvante.

> *Revue moderniste*
> FÉLIX FÉNÉON.[123]

SMARAGDIN. — Adj. De couleur émeraude.

> ... Velours smaragdin.

> *Les Demoiselles Goubert.*
> JEAN MORÉAS et PAUL ADAM.

SŒVE. Adj. — Vieille forme de suave.

> O la pure, ô la soëve, ô l'alme!

> *Centon.*
> CH. VIGNIER.

SOMNAMBULER. V.A. — Du mot somnambule.

> ... L'issue du labyrinthe où somnambule la pauvre âme.

> *Palais nomades.*
> GUSTAVE KAHN.

---

123   Compte rendu de Camille de Sainte-Croix, 1er février, 1886 (*Œuvres*, t. II., p. 666).

SONORANT. P. PR. — Adj. du verbe sonorer, dérivé de sonore.

Tout à l'heure, c'était sonorant le bal.

Palais nomades.
GUSTAVE KAHN.

SPHINXIAL. Adj. — De sphinx.

Le sourire sphinxial de doux masques.

Écrits pour l'Art, 3.
FRANCIS VIELÉ-GRIFFIN, (*Stéphane Mallarmé*).

SPICPECTRE. S.M. — Sorte d'épice.

Dans l'air fleuri de la venelle
Fluaient des senteurs de canelle
De spicpectre et de serpolet...

Cantilènes.
JEAN MORÉAS.

SPIRER. V.A. — Humer.

Des donzelles aux corsages aoutés spirent au travers des pailles la
frigidité des liqueurs.

Demoiselles Goubert.

SQUAME. S.F. Lèpre.

Une ruelle torte aux squames d'herbes.

Demoiselles Goubert.

STAGNANCE. S.F. — Atténuation par le suffixe *ance* du mot
STAGNATION.

Vite elle a dilecté cette stagnance de son âme morose.

Demoiselles Goubert.
JEAN MORÉAS ET PAUL ADAM.

STELLÉ. Adj. — L. *stella*, étoile. Piqué comme d'étoiles.

> Stellé de becs de gaz et voilé de fumée.

> *Les Cygnes*.
> FRANCIS VIELÉ-GRIFFIN.

STRAPASSONNER. — V.A. Bâcler.

> Cet homme qui strapassonnait de façon si aiguë et nerveuse la vie au gaz...

> *Les Impressionnistes*.
> FÉLIX FÉNÉON.[124]

STRIDEUR. S.F. — L. *Stridet vulnus*, (Virgile, *Enéide*.) Symbolise l'aspect des lèvres non rappochées des blessures.

> Car je me suis éclos de toutes tes morsures
> ....
> Et des saines strideurs des bouches en blessures.

> *Palais nomades*.
> GUSTAVE KAHN.

> La flûte suraiguë aux strideurs sataniques raille un sanglot intermittent que dit le cor.

> *Les Cygnes*.
> FRANCIS VIELÉ-GRIFFIN.

STYLITE. S.M. — Anachorète vivant sur une colonne.

> L'obélisque quadrangulaire
> De mon spleen monte, j'y digère
> En stylite ce gros mystère.

> *Complaintes*.
> JULES LAFORGUE.[125]

> Pour moi déboulonné du pôle de stylite
> Qui me seyait.

> *Imitation de N.D. la Lune*
> JULES LAFORGUE.

---

124   Fénéon parle de l'exposition de Jean-Louis Forain.
125   'Complainte sur certains temps déplacés', *OC.*, t. I, p. 599.

SUBJECTILE. S.M. — Toute surface sur laquelle on peint.

Empreindre une de ces fugitives apparences sur le subjectile.

Art moderne.
F. FÉNÉON.

SUPREMATEUR, (trice.) Adj. substantif. — De suprême.

Mène le troupeau doux vers l'arabesque égale
De ta suprématrice loi.

Palais nomades.
GUSTAVE KAHN.

SUSPIREUX. Adj. — Soupirant, L. *suspirium.*

La nef reste dans la pénombre et suspireuse.

Songes.
FRANCIS POICTEVIN.

SYNCHROMIE. S.F. — Harmonie de couleurs grec: *sun* ensemble et *chromos* couleur.

Dans l'autre une synchromie de blanc et de vert tendre.

Soi.
PAUL ADAM.

TALARE. S.F. — Vêtement qui descend jusqu'aux talons.

En longue talare ... des gentlemen.

Chronique du "Symboliste".
JEAN MORÉAS.

TALMACHE. S.M. — Masque, barboire.

Le banquier juif Jacobi avec son menton de talmache.

Demoiselles Goubert.

TANGENTIEL. Adj. — Qui touche en un point unique.

Allures inquiêtes, mystérieuses et tangentielles.

Hommes d'Aujourd'hui (n° 308).
FÉLIX FÉNÉON.

TANGUÉ. Adj. — Bousculé d'avant en arrière.

Ah! pour une âme trop tanguée
Des baisers sont des passions.

Complaintes.
JULES LAFORGUE.

TARGE. S.F. — Espèce de bouclier.

Targe sur les dangers ennemis.

Cantilènes.
JEAN MORÉAS.

TARRABALATIONS. S.F. — Remuements.

Des appels, des pas précipités et le brouhaha de toutes les tarrabalations
du départ.

Demoiselles Goubert.

TARTAGLIA. S.M. — Personnage de la Comédie italienne.

... Un front de tartaglia macabre
Sous un toupet en jube de fauve.

JEAN MORÉAS.

TAVELURE. S.F. — Tâche.

... Ce pâle et ardent ciel estival de M. D.P. affirme sa qualité par une tavelure de blanc [sic.].

Art moderne.
FÉLIX FÉNÉON.[126]

TÉLAMONS. S.M. — Statuettes employées comme support.

... Sur un meuble bas, pentagone que des télamons supportent...

Le Thé chez Miranda.
JEAN MORÉAS.

TELLURIQUES. Adj. — L. *Tellus*, terre.

... De rudes odeurs telluriques, de douces aussi.

Revue Indépendante.
FÉLIX FÉNÉON.

TENITES. S.F. — Les déesses des sorts.

... (Des gens) Aux morsures superflues de malitornes tenites s'abvolent...

Chronique du "Symboliste".
JEAN MOREAS.

TÉRÉBRÉ. Adj. — Perforé.

... Ils se complaît à ces blocs surgissants, à ces masses térébrées.

Les Impressionnistes.
FÉLIX FÉNÉON.[127]

---

126 'L'Impressionnisme aux Tuileries', *L'Art moderne de Bruxelles*, 19 septembre, 1886 (*Œuvres*, t. I, p.54). Dans le texte des *Impressionnistes*, c'est d'une 'tavelure de *bleu*' que parle Fénéon. 'D.P.': Albert Dubois-Pillet, peintre chez qui Fénéon voyait des rapprochements avec *Soi* de Paul Adam qui parut en 1886:
ce pouvait être d'un Dubois-Pillet que s'actionnait la sensibilité de la Marthe Grellou de Paul Adam:
Marthe approchante s'étonnait de l'extrême division de teintes obtenues par ses touches... Ces teintes s'analysaient par gouttes colorantes et minuscules juxtaposées comme les points d'une tapisserie fine; et l'impression venait de la parfaite harmonie atteinte par cette multitude orchestrale de petites taches (*Œuvres*, t. I., p. 44).
127 A propos de Claude Monet.

TERNEUR. S.F. — Etat de ce qui est terne.

La terneur minable des corsages.

Le Thé chez Miranda.
PAUL ADAM.

TERNISSURE. S.F. — Tache terne.

La ternissure du jour choit vers les trottoirs où la pluie a laissé des marbrures sombres.

Le Thé chez Miranda.
PAUL ADAM.

Ces deux mots formés de terne comme noirceur et noircissure de noir.

THÉRIAQUE. S.M. — Onguent de charlatan.

L'accort perruquier Léopold vante ses thériaques de beauté.

Demoiselles Goubert.

THÉURGIE. S.F. — Sorte de magie opposée à la goétie.

Ses mains qu'elle tend comme pour des théurgies.

Cantilènes.
JEAN MORÉAS.

TORCOL. Adj. — Au col de travers.

Lord Sinclair torcol et cravaté d'incarnadin.

Demoiselles Goubert.

TORPIDE. Adj. — Qui est en torpeur ou qui donne la torpeur. L. *torpidus*, engourdi, (TITELIVE et AUSONE).

Elle s'abandonnait tranquillement à cette somnolence torpide qui, peu à peu...

Soi.
PAUL ADAM.

TORVE. Adj. — L. *torvus*, qui regarde de travers, d'un air menaçant.

.... Une carcasse
Humaine dont la faim torve d'un loup fugace
Venait de disloquer l'ossature à demi.

Jadis et Naguère.
P. VERLAINE.

TREBILLER. V.N. — Chanceler en une sorte de grelottement, en parlant des vieillards.

De la cuisine à la salle à manger elle trébille, s'arrête quand lui parle une servante ou un ouvrier.

Songes.
FRANCIS POICTEVIN.

TREMBLANCE. S.F. — Atténuation en *ance* du mot *tremblement*.

L'asphalte réfléchissait en coulées d'or flave les tremblances des lampadaires.

Demoiselles Goubert.

TRÉPIDANT. Adj. V. — Tremblant de façon involontaire et continue.

Qu'importe ta douleur à ma douleur
....
Et ta seconde trépidante à ma mort essentielle.

Palais nomades.
GUSTAVE KAHN.

TRÉPIDER. V.N. — Vibrer violemment.

Avec la jetée qui, dans le flamboi du soleil, semble trépider et se volatilise.

Les Impressionnistes.
FÉLIX FÉNÉON.

TRUELLER. V.A. — Manier avec la truelle.

... Il truelle avec un entêtement sombre des pivoines des chrysanthèmes.

Les Impressionnistes.
FÉLIX FÉNÉON.

TURRICULÉ. Adj. — L. *Turris*, tour. Qui offre la forme crénelée d'une tour.

De ton char plaqué d'ivoire et turriculé de lys.

Palais nomades.
GUSTAVE KAHN.

TYMPANON. S.M. — Tambour de basque, tambour-timbale (chez les Latins).

Entends dans l'horizon l'appel des tympanons.

La Belle au château rêvant.
GUSTAVE KAHN.

TYMPANONNER. V. — Elliptique. Exemple: les caravanes retentissent des sons des tympanons.

Les caravanes tympanonnent.

La Belle au château rêvant.
GUSTAVE KAHN.

UBIQUITER. V.A. — Etre de tous côtés à la fois.

Ainsi mon idéal sans bride
T'ubiquitait de ses sanglots.

Complaintes.
JULES LAFORGUE.[128]

---

128 'Complainte du Vent qui s'ennuie la nuit', *OC.*, t. I., p. 590.

ULULER. V.N. — Analogue de hurler, du cri des chiens et des loups; extensivement, long cri inarticulé et cri d'éléments.

> Tandis que les grands vents ululent sous les porches.
>
> *Palais nomades.*
> GUSTAVE KAHN.

VÉNUSTE. Adj. — Qui est charmant comme Vénus. L. *venustus*, charmant, gracieux.

> ... Follement blonde et d'une allure
> Vénuste à tous nous débaucher.
>
> *Inédit.*
> VERLAINE. [129]

VÉSANIQUE. Adj. — Fou.

> ... Travaillés par des névroses vésaniques.
>
> FÉLIX FÉNÉON.

VERNAL. Adj. De printemps. L. *Ver*, printemps.

> L'influence du souffle vernal doucement dilatant les immuables textes inscrits en sa chair, lui aussi, enhardi par ce trouble agréable à sa stérile pensée, était venu reconnaître par un contact avec la Nature, immédiat, net, violent, positif, dénué de toute curiosité intellectuelle, le bien-être général, et candidement, loin des obédiences et de la contrainte de son occupation, des canons, des interdits, des censures, il se roulait, dans la béatitude de sa simplicité native, plus heureux qu'un âne.
>
> *L'Ecclésiastique*, dans la *Gazetta letteraria*.
> STÉPHANE MALLARMÉ.

---

129   La première strophe du poème 'A la Princesse Roukhine' de *Parallèlement* (Vanier, 1889), que Verlaine annonçait dans l'article sur lui-même dans *Les Hommes d'Aujourd'hui*:
       C'est une laide de Boucher
       Sans poudre dans sa chevelure,
       Follement blonde et d'une allure
       Vénuste à tous nous débaucher.
       Le poème parut pour la première fois dans *La Vogue* du 16-23 août 1886.

VIBRANCE. S.F. — Atténuation par le suffixe *ance* du mot VIBRATION.

> Dedans, la bleue réfraction des hautes vitres grisaille les vibrances des nuances.
>
> *Demoiselles Goubert.*

VIDASSER. V.A. — Vider piteusement.

> Vidasse, vidasse ton cœur
> Ma pauvre rosse endolorie.
>
> *Complaintes.*
> JULES LAFORGUE.[130]

VILLOTIÈRES. S.F. — Coureuses, filles de mauvaise vie.

> chez
> les Villotières adextres à tenir amoureuses lysses.
>
> *Thé chez Miranda.*
> JEAN MORÉAS.

VIRGOULEUSE. S.F. — Sorte de poire.

> ... Des avant-bras dégagent des seins en virgouleuses.
>
> *Les Impressionnistes.*
> FÉLIX FÉNÉON.

VOCATOIRE. Adj. — Qui invoque, qui appelle.. L. *vocare*, appeler.

> Et les voilà traçant les cercles médiateurs et les ellipses de force, les caractères vocatoires, les signes aux spirales complexes qui unissent les vigueurs occultes des mondes.
>
> *Demoiselles Goubert.*

VORTEX. S.M. — Tourbillon.

> Dans leurs incessants vortex de métamorphoses.
>
> *Complaintes.*
> JULES LAFORGUE.[131]

---

130   'Complainte de l'Orgue de Barbarie', *OC.*, t. I, p. 559.
131   'Préludes autobiographiques', *OC.*, t. I, p. 546.

FIN

IMPRIMERIE DU PROGRÈS, PLANTEAU, 7, RUE DU BOIS, ASNIÈRES.

ERRATUM
[Page reproduite telle qu'elle paraît dans l'édition Vanier]

Page 5 AGNOSTICISME *Lire* excès de méditation AU LIEU DE manque de méditation.

Page 5 AIGUE *lire aqua* AU LIEU DE *agua.*

Page 6 ALLANCE. *Dans leur allance* au lieu de *De leur allance.*

Page 22 CLAPISSEMENT. Définir: Forme substantive du verbe *clapir.*

Page 24 CONVIVIAL. Lire: Rev Wagnérienne Nº VII au lieu de t. VII.

Page 28 CULMINER: A l'intense lune *au lieu de* l'une.

Page 43 FLUCTUER. Définir: Se mouvoir comme les flots.

APPENDICE I

La Langue décadente[1]

Petit Glossaire pour servir à l'intelligence des auteurs décadents et symbolistes, par Jacques Plowert. - Publié en octobre 1888 par Vanier, bibliopole.

Jacques Plowert, dont le pseudonyme cache un et même, me dit-on, deux symbolistes, vient de nous donner un petit glossaire de la langue décadente. Cet ouvrage a pour objet de faciliter la lecture des écrits de la nouvelle école, et, selon l'expression même de M. Jacques Plowert, 'de simplifier l'initiation'. Car M. Jacques Plowert convient que, pour entendre la prose de M. Paul Adam et la poésie de M. Gustave Kahn, il faut être 'initié au prestige hermétique des vocables'. Je suis un homme de bonne volonté et j'ai ouvert avec la simplicité d'un néophyte et la pureté d'un candidat aux mystères le lexique du moderne ésotérisme que vient de publier le bibliopole Vanier. J'avoue que ma surprise a été vive d'y trouver tout d'abord un grand nombre de mots que je connaissais depuis longtemps. J'y ai vu *amorphe, armature, camaldule, cantilène, édicule, électuaire, exhilarant, halo, hoir, immanent, latent, lové, lustral, muqueuse, oaristys, ocellé, orbe, pelu, plastique, sardoine, scolie, stylite, targe* et quantité d'autres vocables qui n'ont rien de mystérieux. J'avoue que mon admiration en a diminué. Le livre m'en a paru moins sacré, moins religieux, moins saint. J'ai senti tomber l'horreur pieuse qui me troublait tout d'abord; j'ai perdu mon premier respect; j'ai douté si je n'étais pas devant un ouvrage profane. Puis, il m'est venu une secrète joie. Quoi, me suis-je dit: *Cantilène* et *sardoine* sont décadents! *Orbe* et *lustral* sont symboliques! Mais il me semble bien avoir employé ces mots-là tout comme un autre. J'ai même écrit *électuaire*. Peut-être que les jeunes poètes et les jeunes prosateurs m'en mépriseront moins. Oui, j'ai mis dans un vers: *Les vrais électuaires.* Je ne l'ai point fait avec une intention symbolique; cela m'est venu tout naturellement. Si pourtant M. Félix Fénéon pouvait m'en savoir gré! Si M. Jules Lafargue [sic.] m'en témoignait quelque bienveillance! Je l'ai déjà dit: Rien n'est plus doux que la sympathie de la jeunesse, et je consentirais même à passer pour un peu décadent si je pouvais à ce prix gagner

---

1   'La Vie Littéraire', *Le Temps*, 27 octobre, 1888.

l'indulgente amitié des poètes du bibliopole Vanier. J'ai déjà été traité avec quelque faveur par un décadent de mérite, M. Paul Roux[2], et je prends plaisir à le rappeler. M. Roux n'est point parmi les auteurs cités dans le *Petit Glossaire*. Pourtant il le méritait bien. Il est décadent et très décadent, je n'en veux pour preuve que certaine pièce signée de lui, où il est question du 'logos négligeable des dieux'. Or M. Paul Roux m'a témoigné un jour une sorte d'intérêt un peu attristé dont je suis infiniment touché. Il m'a fait l'honneur de me dédier une nouvelle excellente, bien que d'un style assez 'abscons', c'est-à-dire 'difficile à percevoir'. Et c'est l'histoire d'un citoyen d'Athènes qui avait beaucoup de vertu. Il adorait les vieux dieux de la République; on l'estimait homme de bien. Mais la République changea de dieux. Il fut établi, selon l'usage, que les nouveaux étaient les seuls vrais et les autres des faux dieux. Mais notre citoyen n'en voulut point changer. En vain on lui montrait l'éclatante splendeur des nouveaux visages divins. Il gardait son culte aux immortels déchus. Cela ne se pouvait pardonner, l'homme des vieux dieux était doux, tranquille, simple, timide, vrai, innocent. Il avait même quelque grâce ingénue dans l'esprit, et un peu d'éloquence naturelle. On ne niait pas sa bonté, mais on le condamna à boire la ciguë. Il la but tranquillement et sans professer davantage la nouvelle religion. M. Paul Roux m'a dédié ce récit, et je ne puis me défendre - qu'on me pardonne ce mouvement d'orgueil! - de me reconnaître à demi dans cet Athénien, qui n'était point méchant, mais qui ne comprenait pas les nouveautés. M. Paul Roux le plaint visiblement et même semble l'aimer un peu tout en le condamnant. Qu'il me pardonne si je n'ai pu me défendre d'interpréter en ma faveur cette pitié charmante et cette sympathie qui, pour s'unir à une implacable sévérité, ne m'en semble que plus précieuse et plus honorable. J'espère n'en être point tout à fait indigne, et, pour la mieux mériter, je dirai toute ma pensée. Je commencerai par des louanges; ce ne sera pas long. Il y a dans la langue décadente deux ou trois jolis néologismes. *Amène*, par exemple, du latin *amœnus*, agréable. Le mot est de M. Paul Verlaine, qui, d'ailleurs, parle une langue intelligible et parfois même très simple, et qu'il faut mettre tout à fait a part.

Plein d'une bienveillance amène.

Nitide, pour dire resplendissant, ne me déplaît pas non plus.

Ses anges, ses Jésus et ses Vierges nitides,

---

2   Saint-Pol Roux (1861-1940), dit 'le Magnifique', écrivain symboliste, théoricien de 'l'idéo-réalisme' et, selon Remy de Gourmont, 'métaphoriste'. Il fut très connu pour l'hermétisme de sa poésie, et pour l'obscurité de ses métaphores et de ses images poétiques.

a dit Arthur Rimbaud, et le vers est joli. Je louerai moins *vénuste*, qui veut dire voluptueux, et je me contenterai de demander grâce pour *vénusté*, qui plaisait à Ménage et que Chateaubriand a si bien employé dans cette phrase: 'Par son attitude, sa mélancolie, sa vénusté, elle ressemblait à un génie funèbre.' Là s'arrêtent mes sympathies. Je vous avais bien dit que ce ne serait pas long. Il y a beaucoup de néologismes dans le *Petit Glossaire* décadent, et plusieurs sont étranges. Je ne veux point de mal à ceux qui créent des mots. C'est le droit de tout citoyen, et, pour ma part, quand j'emploie un terme, je me soucie fort peu qu'il soit ou non dans le Dictionnaire de l'Académie. Le vieux Villemain, qui n'était pas un écrivain bien hardi, mit au monde, tout comme un autre, son petit néologisme. Ce qui est piquant, c'est qu'il le fit dans la préface même du Dictionnaire de l'Académie. Il n'est pas plus mal fait qu'un autre. C'est le mot *déconstruire*. N'est-ce pas le droit de chaque génération d'apporter à la langue des termes nouveaux? Les classiques ont-ils fait autre chose? Une langue ne serait pas vivante si rien n'y mourait, si rien n'y naissait. Qu'on fasse des mots, mais qu'on les fasse sans trop songer à ce qu'on fait, naturellement et pour le plaisir de les faire. S'ils naissent ainsi, ils vivront heureux. Créez des termes limpides et d'une telle transparence que le sens en éclate avec le son, et vous les verrez courir de lèvre en lèvre.

Mais les décadents se méfient de la nature. Ils créent, comme le famulus de Wagner, avec des fourneaux, des cornues, des ballons et des alambics. Leurs mots ont l'air de sortir d'une bouteille et sentent la pharmacie. Ces mots-là me paraissent d'un emploi tout à fait rare et difficile. Excusez-moi, si je me trompe, mais, pour prendre un exemple, *Hymnaire* de M. Gustave Kahn n'est pas très utile. *Hymniclame* de M. Jules Lafargue [sic.] l'est encore moins. *Agnosticisme* ne paraîtra pas non plus d'un usage courant. On nous ensigne que l'*agnosticisme* est 'un excès de méditation subtile sur un sujet liturgique'. Et on nous donne cet exemple: 'La lune, ce tournesol aplati, desséché à force d'agnosticisme'. Tout cela est bien extraordinaire. On a beau m'expliquer *bardocuculé*, *torcol*, *vidasser*, et *frisselis*, je reste troublé et je crains qu'on se moque de moi.

D'ailleurs, j'ai un très grand reproche à faire à M. Jacques Plowert. Je l'accuse d'avoir reculé devant une difficulté. Il explique *aptère*, que tout le monde entend sans peine, et il n'explique pas *ptyx*, qui est dans Mallarmé et compte parmi les obscurités de cet 'auteur difficile'; j'ai vainement cherché *ptyx* dans le Plowert. *Ptyx* est pourtant du langage décadent. Il est, dis-je, de M. Stéphane Mallarmé, lequel figure dans le glossaire pour *abscons*, *abstrus*, *authentique*, *hoir*, *incantatoire*, *latent*, et *vernal* qui ne lui appartiennent pas et ne figure pas pour *ptyx*, qui lui est propre.

Jadis, au temps du Parnasse, j'ai entendu les plus excellents poètes en disputer dans le cénacle du passage Choiseul. MM. Catulle Mendès, François Coppée et même Paul Verlaine réunissaient leurs lumières sans pouvoir éclaircir l'obscurité profonde de ce *Ptyx* étrange. *Ptyx* restait ténébreux. Il est vrai que M. Mallarmé l'a défini lui-même. *Ptyx*, a-t-il dit,

> . . . . Ptyx,
> Insolite vaisseau d'inanité sonore.[3]

Mais il est également vrai que cette définition manque de clarté, et, puisque le Plowert ne vient point à mon aide, je désespère de savoir jamais ce que c'est qu'un *ptyx* [4].

A côté des néologismes proprement dits le Plowert (je dis le Plowert comme on dit le Furetière et le Littré) donne beaucoup de mots connus qu'on a affublés d'une désinence en *ance* ou en *ure* et qui semblent travestis pour un carnaval philologique. Il paraît que les décadents aiment beaucoup cet *ance* qui marque une atténuation du sens primitif et cet *ure* qui 'diminue en renforçant'. C'est le Plowert qui l'enseigne. Ils disent, par exemple, une *allance*:

> ALLANCE. S.F. Du participe allant (aucun substantif autre n'indiquant l'acte d'aller).

> De leur allance aux paradis
> Par les sereines litanies
> Les pas s'en sont allés...

> (*Palais nomades*. GUSTAVE KAHN.)

Je parle gaiement de ces folies. Il convenait peut-être de prendre un visage triste et sévère. Mais la tristesse ne remédie à rien, et il est vain de se lamenter. Pourtant j'ai peine à sourire jusqu'au bout. Ce n'est pas là seulement un jeu. C'est une démence et une sorte de manie contagieuse. L'esprit de la jeunesse littéraire, l'esprit français dans sa dernière sève, est

---

3 France cite la première version de ce sonnet, et non celle qui parut pour la première fois en 1887, où la phrase est remplacée par 'Aboli bibelot d'inanité sonore'. Voir Mallarmé, *O.C.*, pp. 1488-1491.

4 Ce n'est pas la première fois qu'Anatole France s'en prend au *ptyx* de Mallarmé. En septembre 1885, France avait utilisé le mot, ainsi que sa glose — 'insolite vaisseau d'inanité sonore' — pour se moquer du critique Paul de Saint-Victor. Le nommant 'le moins généreux des critiques et le plus vide des écrivains', France poursuit:

> On peut dire que sa prose fait beaucoup de bruit pour rien [...] Adoré Floupette, si avancé qu'il soit dans l'exégèse mallarméenne, ignore à cette heure ce que c'est qu'un Ptyx: je crois que c'est un des noms de Paul de Saint-Victor.

> (*L'Univers illustré*, 5 septembre 1885, p. 562)

atteint d'une épidémie qui ne lui permet plus de croître et de fleurir. Il s'étiole et se corrompt. Nous ne savons plus conduire notre intelligence et nous sommes de pauvres hallucinés, tristes jouets des sons et des couleurs.

La névrose nous a fait perdre la lucidité, la force et l'antique allégresse de notre intelligence. Nous agonisons en mâchant des mots déformés.

Le mal est ancien et nous sommes tous coupables. Nous, les aînés, nous avons péché par orgueil. Nous avons voulu écrire mieux que ceux qui écrivaient bien. Nous avons mis l'art au-dessus et en dehors de toutes choses; nous nous sommes considérés comme des mandarins. Ceux qui viennent après nous sont plus vains encore. Ils font de l'art un grimoire et se croient magiciens. J'ai pensé un moment qu'ils se moquaient de nous. J'avais tort. Ils sont sincères dans leur folie: C'est la folie de l'orgueil.

Ils sont sincères: une affreuse maladie déprave leurs sens. Le langage décadent n'est que le commencement de l'aphasie qu'amène la paralysie générale.

ANATOLE FRANCE.

APPENDICE II

Jacques Plowert: *Petit glossaire pour servir à l'intelligence des auteurs décadents et symbolistes* (**Vanier**).[5]

La plupart des mots qui y figurent sont d'un usage constant dans les premier-Paris. Ils s'escortent de définitions, et se renforcent de citations aux armes de MM. Paul Adam, Maurice Barrès, Fénéon, René Ghil, Gustave Kahn, Jules Laforgue, Stéphane Mallarmé, Jean Moréas, Francis Poictevin, Henri de Régnier, Arthur Rimbaud, Paul Verlaine, Francis Vielé-Griffin et Charles Vignier. Craignant que l'acheteur du livre ne trouvât pas assez extravagantes les phrases collectionnées, le lexicographe leur a fait subir de tératologiques déformations. On aime mieux lire par exemple : 'des jeunes filles dont un torse d'une viticible de gnomon jaillit de l'herbe soleillé où s'annulent les sols' que de lire 'verticalités... robes'[6]; les vers s'allongent comme de la prose; la prose s'étage en vers; page 60, une phrase de MM. Adam et Moréas est attribuée à la demoiselle Goubert; enfin, en manière de plaisanterie, on a ajouté au glossaire un erratum qui, au lieu d'avoir cent pages comme le glossaire lui-même, en a une. Un avant-propos trop bref émet des opinions plausibles sur la formation des mots, sur l'action des diverses désinences.

Félix Fénéon

---

5   *La Revue indépendante*, novembre 1888.
6   Fénéon fait allusion à sa propre phrase, mal transcrite par 'Plowert', qui accompagne la définition du mot 'Gnomon'. Elle paraît, comme nous l'avons noté, dans *Les Impressionnistes*.

TABLE DES MATIERES

Textes littéraires

Titres déjà parus

Textes littéraires